浙江省哲学社会科学规划
后期资助课题成果文库

服务链评价理论与方法

以汽车后服务链为例

蒋定福　著

ZHEJIANG UNIVERSITY PRESS
浙江大学出版社

图书在版编目（CIP）数据

服务链评价理论与方法：以汽车后服务链为例 / 蒋定福著. —杭州：浙江大学出版社，2021.4
ISBN 978-7-308-21148-2

Ⅰ. ①服… Ⅱ. ①蒋… Ⅲ. ①汽车－售后服务－研究
Ⅳ. ①F407.471.5

中国版本图书馆 CIP 数据核字（2021）第 041090 号

服务链评价理论与方法——以汽车后服务链为例

蒋定福　著

责任编辑	陈静毅	
责任校对	李琰	
封面设计	周灵	
出版发行	浙江大学出版社	
	（杭州市天目山路 148 号　邮政编码 310007）	
	（网址：http://www.zjupress.com）	
排　　版	浙江时代出版服务有限公司	
印　　刷	杭州良诸印刷有限公司	
开　　本	710mm×1000mm　1/16	
印　　张	11.5	
字　　数	200 千	
版 印 次	2021 年 4 月第 1 版　2021 年 4 月第 1 次印刷	
书　　号	ISBN 978-7-308-21148-2	
定　　价	46.00 元	

内容简介

随着服务产业的不断发展及市场竞争的加剧,为应对市场变化的不确定性及满足越来越复杂的客户需求,企业必须从内部、外部两个视角来配置资源和提高竞争力。更多的企业选择业务外包或与其他企业进行合作等方式,服务链的竞争正在逐步取代单个企业的竞争,而服务链评价就是服务链构建及维系所需要重点关注的内容。

本书以"服务链评价理论、方法、模型及应用"为主线,运用服务科学、管理科学与工程、协同理论、熵理论、BP 神经网络与决策优化方法,结合服务链的特性,系统阐述了服务链的评价理论及评价方法。本书以汽车后服务链为例,构建了汽车后服务链模型,揭示了汽车后服务链的整体运行机制;利用协同熵函数对评价指标进行度量,采用 BP 神经网络模型进行协同性的训练与仿真,从汽车后服务链企业内部、企业间以及整个服务链三个层面进行了协同性评价。

前　言

在全球经济一体化进程下,竞争环境和客户需求的变化对企业管理的流程化、柔性化和网络化都提出了更高的要求,服务链管理在企业中获得了更多的关注和应用。研究表明,在当今企业的服务链管理实践中,服务性活动本身产生的绩效已经影响到了整个服务链管理的绩效。服务链活动本身所创造的价值,已逐渐超越了产品制造供应链的价值。为应对市场变化的不确定性及满足越来越复杂的客户需求,企业必须从内部、外部两个视角来配置资源和提高竞争力,更多的企业选择业务外包或与其他企业进行合作等方式,服务链的竞争正在逐步取代单个企业的竞争。服务链共同目标的实现受到服务链竞争力的影响,其关键点在于服务链的协同程度。因此,对服务链进行评价及协同性研究是服务科学及管理科学领域需要重点研究的问题之一。

本书运用服务科学、管理科学与工程、协同理论、熵理论、反向传播(back propagation,BP)神经网络与决策优化方法,结合服务链的特性,系统阐述了服务链的评价理论及评价方法。本书将协同理论及熵理论融合,提出了协同熵函数,并对协同熵的内涵进行全面阐述,对丰富熵理论具有一定的创新性;并将协同熵函数引入 BP 神经网络中,丰富了协同性评价的训练与仿真方法;以汽车后服务链为例,建立了汽车后服务链评价模型;结合我国汽车后服务行业实际,从汽车后服务企业内部、企业间以及整个服务链三个层面进行了协同性评价,对丰富服务链评价理论及评价方法具有重要的理论价值和现实意义。全书以"服务链评价理论、方法、模型及应用"为主线,共分为七章,主要是服务链概述、服务链评价理论、服务链评价方法、汽车后服务链评价模型、汽车后服务链企业内部协同性评价、汽车后服务链企业间协同性评价及汽车后服务链协同性评价。

本书得到浙江省哲学社会科学规划课题"基于协同熵的汽车后服务链评价模型及方法研究(20HQZZ27)"的资助,在撰写、调研过程中得到了上汽集团及一汽集团相关领导及同仁给予的大量帮助,在出版过程中得到了浙江大学出版社编辑的大力支持,在此一并表示诚挚的谢意。本书在写作过程中,参考和借鉴了国内外专家、学者、企业和研究机构的许多资料,作者已尽可能详细地在参考文献中列出,在此对他们表示诚挚的谢意!

目前,有关服务链评价的研究还处在发展阶段,蕴含的内容相当广泛,而且覆盖的学科知识复杂,本书仅对汽车后服务链方面的问题进行了研究和探讨,有些问题有待进一步深入分析和研究。由于时间仓促,加之本人才疏学浅,书中不足之处在所难免,敬请各位专家、同行、读者提出宝贵意见,以便不断修正和完善。

蒋定福

2020 年 7 月

目　　录

第1章 服务链概述

随着服务产业的不断发展及市场竞争的加剧,为应对市场变化的不确定性及满足越来越复杂的客户需求,越来越多相关行业的企业愿意加入服务链当中,服务链的竞争正在逐步取代单个企业的竞争。本章对服务链形成路径、服务链的概念、特点、组成及构建进行了阐述。

1.1　服务链形成路径

随着服务产业的快速发展,服务业在经济总量中所占比重越来越大,对服务业的研究变得重要起来。服务业与传统制造业有很大的不同,究其原因,服务有其本身的一些特性,这些特性主要包括[1-5]:

（1）服务是无形的,其评价和绩效指标是主观的。服务的品质不容易分类。比如,服务质量的严格定义是什么?如何对技能、经验和能力进行准确和合理的测定?

（2）服务的交付是一个过程。在获得服务的时候,交易就开始进入一个全新的执行和管理状态。要保证服务的最终交付,服务供应商和项目管理人必须参与服务的全过程。

（3）服务质量、服务满意度均与情景相关。服务质量在很大程度上取决于服务交付的环境和客户的态度。在一个客户眼里出色完成任务的外包者,在另一个客户那里可能由于各种原因(如参与服务的人、服务的时间、约束条件、客户的能力)未必被认为出色。

（4）服务包括人的因素。服务管理之所以具有挑战性是因为它通常都是由一个人或一群人来提供的。人的能力很难进行评价和定量化比较,过去的成就并不能保证未来的成功。

(5)服务离不开管理。在采购服务的时候,企业购买的是交付解决方案的能力,而不是解决方案本身。所以,买方必须首先确定供应商能不能交付服务(采购服务),然后要确定实际的服务能不能按要求(管理服务)来交付。

研究发现,服务行业的企业并不是孤立地在为社会提供服务,服务企业彼此之间存在一定的联系,这种联系如同"链"一样,即形成了所谓的"服务链"[6]。服务链思想出现于 20 世纪 90 年代,服务链是在供应链的基础上发展而来的,根据供应链承载物的不同,可以将供应链分为产品供应链和服务供应链[7-10]。产品供应链关注的焦点是从原材料供应商、核心厂商到消费者的系统优化过程,尚未触及产品延伸服务。而服务供应链是通过网链结构将服务供应方和需求方有机联系在一起,主动地为消费者提供全方位、一体化的服务网络[11]。服务链就是由供应链中提供服务的部分发展而来的。企业为客户提供服务,并不是一个孤立的活动,而是供应链上多个服务企业互相联系、互相作用的结果。这种联系和作用形成"链"式结构,这就是服务链。服务企业之间形成的服务链关系,使多个企业的整体服务效率和质量有大幅度的提高,由此产生了关于服务链的研究[12]。

如图 1.1 所示,服务链形成的路径分为两个分支。一个分支是从供应链研究发展而来,服务链本是供应链的一部分,当客户对企业的影响越来越重要时,与客户直接相关的服务链成为整个供应链的重点研究领域,不断的研究使得服务链从供应链中脱离出来,从制造业中的服务环节及服务企业,发展到制造服务链,形成服务链研究。另一个分支是从服务管理研究发展而来,对制造业中的服务环节及大量的服务企业中的服务问题进行研究,逐渐产生服务供应链,最终形成了服务链研究[13-15]。

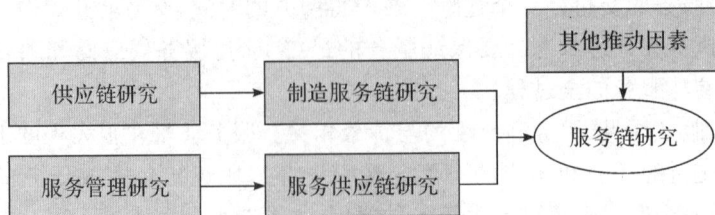

图 1.1 服务链形成路径

随着服务链的提出及发展,越来越多相关行业的企业愿意加入服务链当中。对服务企业来说,形成服务链,能够降低企业运作成本,减轻企业的工作压力,提高服务效率及服务质量,增强整体竞争力[16]。未来服务产业的竞争就是服务链的竞争,服务链的发展既是服务业发展的必然趋势,又是社会进步的标志之一[17−18]。

1.2　服务链的概念及其特点

1.2.1　服务链的概念

由于研究视角和方法的差异,学者们对服务链的认识并不完全一致,尚未形成统一的定义。Edward 等首次提出服务链的概念,并认为服务链是指服务行业中的相关企业、机构和部门构成的一个以满足消费者需求为中心、根据供需关系发挥相应作用、最大限度为消费者提供服务的网络。Anderson 和 Morrice 为研究服务为主导的供应链(service-oriented supply chain)的牛鞭效应,在服务领域研究中探讨了供应链运作效率[19]。Ruggles 认为服务链是在响应客户请求时,由不同的服务提供者彼此合作所构成的一种链状关系[20]。篡佳和王海燕认为服务链是服务行业的企业通过向消费者提供服务来最大限度地满足消费者的需求,为消费者提供良好的消费环境,并为消费者提供消费过程中的各种服务,这些服务以现代信息技术、物流技术、系统工程等现代科学技术为基础,以最大限度地满足消费者需求为出发点,把与服务有关的各个方面按照一定的方式组织起来,形成完整的服务链[21]。刘秋生和尹昊聪认为服务链是服务企业为了最大化地满足消费者的需求,最优化地提高服务质量和效率,以现代信息技术、物流技术、系统工程、计算机技术等科学技术为基础,把与服务有关的特定组织和一切因素有机组织起来,从而形成的网链状结构[22]。胡正华和宁宣熙认为服务链是建立在系统工程、物流技术、信息技术等科学技术的基础上,以最大化地满足消费者的需求为目标,组织起政府、保险、银行等服务方,从而形成有机的、针对消费者的完整服务网络[23]。

笔者在总结归纳前人研究的基础上,认为服务链是以消费者的最终需求为出发点的,以提高整体服务效率及服务质量为目标,各服务企业、政府、社会机构等组织相互合作,对相关服务资源不断整合的"链"式服务结构[24-25]。

1.2.2 服务链的特点

一个良性运转的"服务链"必须具有主动性、前瞻性、完整性、社会性、对称性和系统性的特点,即服务链中涉及的企业、政府、社会机构等组织构成一个服务系统,这个系统要能够主动、带有前瞻性地寻找服务对象的需求,并为服务对象提供完整、对称的社会服务[26-28]。

(1)主动性。服务链所提供的服务是"主动的服务",而不是"被动的服务",要主动寻找客户需求,并创造客户需求。所谓被动服务,是指由消费者提出服务请求,然后由企业提供相应的服务,例如产品维修服务。主动服务则正好相反,企业从消费者的角度事先准备好各种服务,然后,消费者根据自己的需要选择服务内容。

(2)前瞻性。服务链的服务要提前为消费者准备好。企业在产品设计与生产的同时,就应该着手准备与产品有关的各种服务内容。在把产品推向市场的同时,应把服务提前准备好,使服务具有前瞻性。

(3)完整性。服务链服务是全方位、全过程、全天候的。服务链的完整性表现为服务内容的完整性,服务过程的连续性,服务时间的全天候特性。从服务内容上看,服务链应该包含信息、产品、技术、资金等所有消费者需要的服务内容;从服务的过程上看,服务链应该包含前期、中期、后期等全过程的服务;从服务时间上看,服务链应该能够提供及时的全天候服务。

(4)社会性。服务链需要社会力量一起承担,而不是个别或者少数企业承担,它具有很强的社会特性。服务链应该利用一切可以利用的社会力量,在社会分工的基础上,把与服务有关的企业、机构有机地结合起来,形成完整的服务网络,进而形成一个高效率、低成本的服务网络。

(5)对称性。服务链是具有一定服务功能的企业与机构组成的服务网络。这些企业与机构的服务能力与所提供的服务之间应该有严格的对应关系,不允许出现与能力不对称的服务现象。例如,一个只具有简单维修能力的汽车维修公司,向消费者提供大修服务显然是不现实的。

(6)系统性。服务链中涉及的不同类型的企业、政府、社会机构等组织构成一个服务系统。各个企业、政府、社会机构在为消费者提供服务时,它们是相互影响、相互作用,为提供高质量及高效率的服务需要相互配合的完整服务系统。

1.3　服务链的构成

1.3.1　服务链的组成

根据服务链的形成、概念及特点,服务链是由向消费者提供各种服务的服务企业、政府、社会机构组成的服务网络,这些组织主要包括产品生产企业、产品销售企业、信息服务机构、咨询服务机构、政府部门、银行、保险公司、维修服务公司、事务代理机构、转让服务机构、产品回收公司等。其中,产品生产企业、产品销售企业、政府部门、银行、保险公司等组织虽然自身都有成熟的运作与管理方法,但需要从为消费者服务的角度,进一步扩充其工作职责范围,并且要把"工作"的概念转变成"服务"的概念[29-30]。信息服务机构、咨询服务机构、维修服务公司等组织对服务也有一定的基础,但是,服务理念、服务质量及自身的素质等有待进一步提高。目前事务代理机构、转让服务机构、产品回收公司等的发展水平还比较低,需要从政策、法律、资金等几方面加以扶持、完善与发展。

1.3.2　服务链的构建

服务链中的各服务企业、政府、社会机构必须重视服务链的构建工作,如重视供应链一样,不断构建及优化服务流程、服务技术、服务系统等,使得整体服务质量及服务效率提升,服务成本下降。提升服务质量及服务效率包括通过选择最好的服务供应商来改善服务质量和保证所交付的服务满足企业的要求,其中服务效率更为重要;降低服务成本包括降低服务本身的支出、降低购买和管理这些服务所发生的相关费用。在当前市场竞争环境下,只有构建一个有竞争力的服务链,才能提升整体服务链上企业及机构的竞争力。构建一个有竞争力的服务链主要应注意以下几个方面的内容[31-32]:

(1)制定一个生态级的服务链战略。定义服务链的整体目标,确定战略和战术服务需求,分析内部资源、核心竞争力和服务能力的差距。

(2)制定服务链流程和管理模式。制定服务链的整体流程及管理模式,确定服务链的核心企业及机构,明确加入及退出服务链的标准及规则,明确服务链各成员的权利和责任。

(3)制定服务链绩效评价体系。制定服务链绩效评价标准及相关指标,明确服务链各个成员各自的绩效评价指标,建立服务链各成员绩效考核与业绩之间的良性关系。

(4)建立一套服务链执行反馈机制。建立服务链整体的执行反馈机制,既要重视服务的获得,也要重视对服务过程的管理。实现服务链的战略和有效执行的融合。

(5)优化服务链成员之间的协同关系。建立一套服务链各个成员之间的协同标准及评价体系,不断评价及调整服务链上各个成员之间的协同关系及协同效率。

1.4　本章小结

本章对服务链进行了概述。首先,对服务链的形成路径进行了分析,服务链主要从供应链及服务管理两个分支形成。然后,在对服务链概念进行综述的基础上,定义服务链是以消费者的最终需求为出发点的,以提高整体服务效率及服务质量为目标,各服务企业、政府、社会机构等组织相互合作,对相关服务资源不断整合的"链"式服务结构。并对服务链具有的主动性、前瞻性、完整性、社会性、对称性和系统性六个特点进行了分析。最后,提出服务链主要由各服务企业、政府、社会机构组成,并对构建一个有竞争力的服务链需要注意的主要内容进行了阐述。

第 2 章　服务链评价理论

服务链评价理论是服务链评价的理论支撑，也是复杂科学、服务科学、管理科学与工程等多学科研究的热点问题之一。本章对综合评价进行了研究综述，分析了 6 种典型的综合评价理论，并对如何评价服务链及评价内容进行了分析。

2.1　综合评价理论

2.1.1　综合评价概述

(1)综合评价的概念

综合评价发展是从人类的评价活动开始的。最初的人类评价来源于人类的本能活动，如判断周围环境的安全性、储备食物量的多少、生存环境的危险性等活动。随着人类社会的不断进化，人类从自然的、经验的、本能的评价活动走向了有意识的、科学的、成熟的评价活动，人类评价活动进入了理性和科学的评价阶段。科学评价最初是以道德为标准的，当价值哲学在西方兴起之后，更具广泛意义的社会价值科学评价不断发展，评价科学的研究得到广泛关注。

美国著名的哲学家、心理学家、教育学家和社会学家约翰•杜威(John Dewey)在他所著的《评价理论》一书中曾这样描述"人类所有的行为举止，只要不是盲目地仅凭情感冲动行事或知识机械地例行公事的话，似乎都包含评价。评价问题与关于人类活动和人类关系的科学构造的问题是如此紧密地联系在一起。如果把评价问题置于这样的背景中,我们就可以清楚地看到'这个问题是一个很重要的问题'"。可以说评价是一项人类广泛参与其中的社会活动,是伴随着人类活动的形成而发展起来的[33-34]。

评价是指人们在认识过程中,通过一定的标准(价值、效用、喜好等)对事物的价值进行判断及比较,从而达到认识事物的目的。因此可以认为,评价是人们认识事物的过程,也是认识事物的一种手段。从评价目的的角度看,评价是为了对事物做出决策;从评价内容的角度看,评价是关于经验对象的条件与结果的判断;从评价功能的角度看,评价是对于我们的期望、情感和享受的形成起着调节作用的判断;从评价形成方式的角度看,评价是由对事物的条件与结果的探究而获得的结论[35]。随着人们对事物认识的不断深入,事物本身也越来越复杂,简单的评价已经满足不了人们认识和分析事物的要求,这就促使新的综合评价理论与方法不断涌现。

综合评价是相对于单项评价而言的,单项评价是指在单项评价准则下对事物某一方面或者指标的评价,即对事物的单个方面或者维度的评价;而综合评价是指在多个准则或者评价属性有多个方面时的评价,即对事物多个方面或者维度的评价[36],是对评价对象进行客观的、全面的、多维的评价[37]。因此,综合评价的关键问题就是如何把高维的评价对象或空间映射到低维的或一维的对象或空间,其转化后的值可以是数值,也可以是序列或类别。

王宗军从评价对象的多重属性的角度给出综合评价的定义,指出综合评价是指对多重属性体系结构对象的全局性和整体性的评价[38]。其实质就是按照某种评价原则对综合评价系统中的评价对象进行测算。胡永宏和贺思辉认为综合评价是指从不同角度对数据的汇总和合成过程,而综合评价的研究对象是社会、经济、自然等领域中的相似对象或者同一对象不同时间表现的状态差异[39]。日本学者三浦武雄和浜冈尊认为评价是指"根据确定的目的来测定对象系统的属性,并将这种属性变为客观定量的计值或者主观效用的行为"[40]。王硕等认为评价是指对事物进行分类或者排序,根据有无评价标准可分为两类:一类是无标准下的评价,叫作分类或者聚类评价;另一类是在一定标准下排序或者择优,叫作有序评价或者决策[41]。金菊良和魏一鸣从价值的角度认为评价是指从各种角度评估评价对象的相应价值,并把价值用一个价值量来综合的表示[42]。所谓的综合评价是指按照评价对象系统在总体上的相似性和差异性进行的排序或者分类的方法。

综合国内外关于综合评价的定义,虽然表述并不统一,但是表达的本质是一样的,即综合评价是在一定评价准则下对评价对象各种评价信息的比较,并使用评价模型对评价对象进行排序或者分类的过程,从而达到认识评价对象、指导决策的目的[43-45]。

(2)综合评价旳基本要素

从众多综合评价的定义可以看出,综合评价的基本因素主要有评价目标、评价客体、评价主体、评价标准、评价指标、评价模型和评价结果[46-48],如图 2.1 所示。

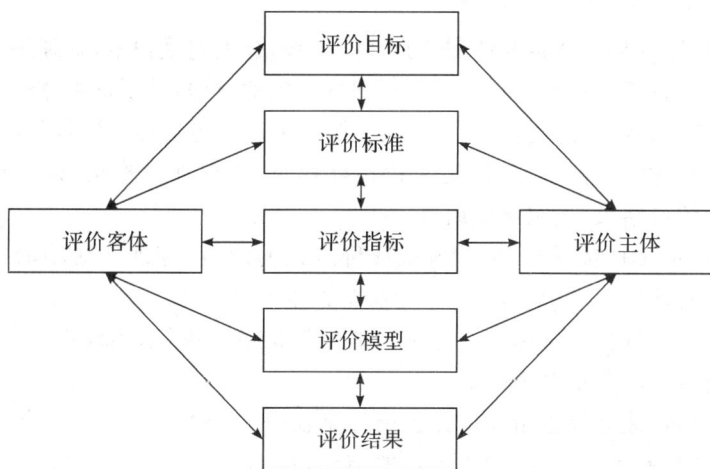

图 2.1　综合评价要素

①评价目标是指认识事物的动机,是评价活动的起点。

②评价客体是指在特定时间和环境下的被评价对象,也就是我们想要认识的事物,它可以是具体的事物,也可以是行动方案或者人们的看法、态度等,如对城市竞争力的评价、人们对某个城市生态环境的看法等。

③评价主体是指具有评价能力并实施评价活动的对象,如个人、群体、机构或者其他智能评价系统(智能机器人)等。

④评价标准是指比较评价客体价值、效用、水平的参照系。评价标准可以是具体的标准,也可以是抽象的、模糊的标准;可以是单一的标准,也可以是多个标准;可以用文字表示,也可以用具体的数字表示;可以是主观标准,

也可以是客观标准。

⑤评价指标是指在评价标准下要比较的具体方面,是可以观察、测量和操作的具体指标,指标数量可以是单个,也可以是多个。

⑥评价模型是指将评价客体转化为评价结果的运行机制。这个运行机制可以是显性的,也可以是隐性的。不同的模型有不同的运行机制,因此评价模型直接影响评价结果。

⑦评价结果是指评价主体在评价标准下用评价模型对评价客体的评价指标进行运算产生的结果。评价结果的表现形式可以是具体的数值、分类、排序。评价结果反过来也可以检验评价指标、模型是否合理。

(3)综合评价的主要过程

综合评价是一项系统性和复杂性的工作,是人们认识事物、理解事物并影响事物的重要手段之一,它是认识评价对象的过程,是评价主体认识和评价客体信息相结合的过程[49-50]。其主要评价过程包括确定评价目标,选择评价标准,建立评价指标,确定评价指标权重,甄选评价模型,计算评价结果,检验评价结果,运用评价结果。

第一步,确定评价目标。这是评价过程的起点,是评价活动的主要依据,关系到评价标准的确定、评价指标的选取和评价模型的选择。

第二步,选择评价标准。评价标准包括价值标准、效用标准、偏好标准等,也可以同时包括多个标准。

第三步,建立评价指标。评价指标是在每一个评价标准下具体可以操作的统计指标,指标之间构成一定的结构,指标可以是定性指标,也可以是定量指标。

第四步,确定评价指标权重。评价指标权重根据评价指标的信息量和对评价目的影响程度来确定。评价模型的不同也会影响指标权重。

第五步,甄选评价模型。评价模型的甄选是由评价目的和评价指标特点决定的。

第六步,计算评价结果。评价结果是通过评价模型对评价指标的合成和运算得到的。

第七步,检验评价结果。检验评价结果是否合理,通过评价结果反馈的信息可以调整评价标准、指标权重、指标结构、指标权值等步骤,直到出现科学合理的评价结果。

第八步,运用评价结果。主要是对评价结果的呈现、分析、运用等活动。

利用评价结果服务于决策管理,能够改善管理过程、优化管理措施并提升管理效果等。

　　以上就是综合评价的主要过程,但是每一个评价过程不是严格区分开的。比如,选择评价标准和建立评价指标就可以合成一个过程来看,因为有的时候评价标准就是评价指标本身。再比如,确定指标权重和甄选评价模型亦可合成一个过程,因为在一些综合评价模型中,指标权重是通过评价模型产生的。因此,综合评价过程的每一步不是严格划分的,而是一个相互关联、相互影响的动态过程,综合评价至要过程如图 2.2 所示。

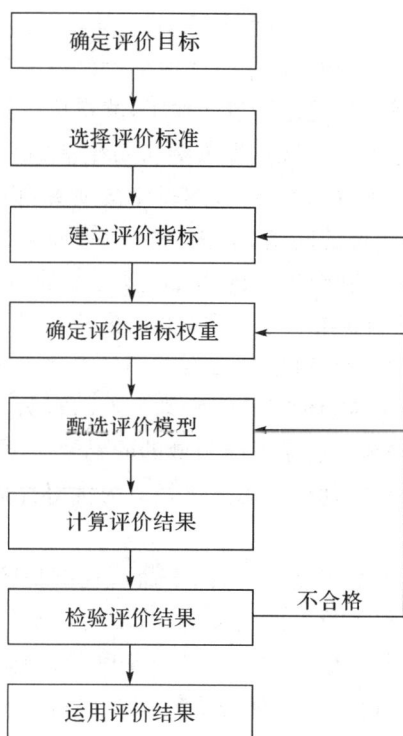

图 2.2　综合评价主要过程

2.1.2　典型的综合评价理论

　　综合评价理论是一个交叉学科的研究领域,其中涉及许多学科的理论,主要包括基于价值的综合评价理论、基于比较与分类的综合评价理论、基于事实的综合评价理论、基于系统科学的综合评价理论、基于数理统计的综合评价理论、基于决策科学的综合评价理论等。

(1)基于价值的综合评价理论

基于价值的综合评价理论是综合评价的基础理论之一,综合评价从本质上讲是一个价值判断的过程。而所谓的价值判断就是指导人们生产和生活的行为准则。在每一个文明社会环境下都存在一种普遍接受的价值观,但同时每个人的价值观又有所不同,这就说明人们总是自觉或不自觉地遵循自己的价值观参与社会活动,表现出价值观的多元化特点,从而决定了综合评价标准的多元化和评价模型的复杂性。到目前为止,价值研究一般是从哲学上的一般价值理论和经济学上的劳动价值理论开始研究。

很久以前,人类就开始关注价值问题了,苏格拉底从哲学的角度把宇宙"拉到"人间,这样就把人们对城邦和人类自身生活的兴趣带进了哲学的视野[51]。在这个时期,人们放下了对自然科学的研究,而是把注意力转向政治科学和有益于人类美德的问题(亚里士多德《形而上学》)。现代价值哲学的理论来源要追溯到认识论哲学的内部,即所谓的事实与价值的关系问题[52]。休谟首先对这两者进行了区分,他认为从"是"不能推导出"应该",这是因为"是"涉及对观念和事实的符合与不符合关系的判断,并且判断的真伪成为理性认识的标准,而"应该"是关于人的行为、意志与道德等的问题,因此他认为价值与事实属于不同领域的问题[53]。虽然当时价值的概念没有被正式提出来,但是,他们的思想已经成为价值哲学建构自身理论体系直接的源泉。

从人类活动的实质的角度讲,人的生命过程就是通过不断的劳动满足自身需要的过程。从个人价值的角度讲,政治经济学的劳动价值理论和经济学的效用价值理论都是生命过程的二维表现[54]。从某种广义的角度讲,任何事物都具有其自身价值,仅仅是价值的大小和表现形式有所不同。综合评价的作用就是衡量评价对象对于评价主体有无价值及其价值量的大小。从这个意思上定义,综合评价就是指科学合理、准确客观地认识和判定对象价值的方法。

(2)基于比较与分类的综合评价理论

人类活动中如何区分对象是人们认识对象的起点,而所谓的区分就是对研究对象进行比较和分类。比较和分类是对研究对象进行有效区分的方法基础。

综合评价的基本方法就是比较,这是评价活动的基本思路。任何评价都离不开被评价对象之间的比较。被评价对象之间通过比较分析得出有差异的地方。通过比较分析的方法可以认识事物的发展和变化的规律,从而达到认识事物发展规律的目的。相互比较的方法也是区分事物异同和优劣的重要手段。研究对象的鉴别和定量化可以通过比较得出。而比较从某种意义上讲也是一种标准的判断,因为在大多数情况下,研究结果的价值或者水平不是通过某种确定的尺度计算,而是通过同类事物之间的比较[55]。

分类是一种十分重要的认知活动,Kruschke 认为类别学习和归类是认知科学研究的核心[56]。人们正是按照某种重要特征的定义或苛刻的规则对事物进行分类的。分类基于两大理论:一个是基于规则的理论;另一个是基于相似性的理论。这两个理论由最初相互对立走向逐渐融合。概念的表示是一个认识特征的过程,既有具体案例也有抽象规则。

分类是综合评价的基础,也是综合评价的重要方法。科学的评价体系应该有正确的思想指导,其中分类的综合评价是一个重要的研究领域。分类在综合评价中的主要作用是按照某种特征或者规则将科学评价对象的不同特征分成不同类型,进行分类评价和认识;也包括对评价信息进行分类整理,提取共同和差异化信息,找出被评价对象的特征和规律。邱均平所提出的分类评价也成为科学综合评价的基本原则[57]。

(3)基于事实的综合评价理论

综合评价是指对评价对象进行某种层面或某种角度的评估。基于事实的综合评价理论强调的是评估对象实际发生的事件,或者评估者参与实践的事件,大量应用于政策、社会问题的分析及评估。经过半个世纪的发展,它形成了实证主义评估理论、后实证主义评估理论和实践参与评估理论。实证主义评估理论强调通过专业技术收集、加工和处理来自社会公众的信息和要求,要求评价者和相关利益者以事实为中心,将事实和价值隔离开来,通过实证和技术相结合获取政策和措施的实施效果、效率和效益。美国的彼得·罗西、霍华德·弗里曼、马克·李普希研究的项目评估方法和技术[58],以及美国学者托马斯·戴伊提出的基于"政策效用"的政策评估是实证主义评估理论的代表[59]。方易指出实证主义评估理论的缺陷是过分强调运用技术手段解决社会和政策问题,用高度精准化和抽象的数学符号表示,把公共政策等社会问题放在了非政治化的角度[60]。后实证主义评估理论以英籍奥地利裔的卡尔·波普尔、美国的库恩、豪斯和亚历山大为代表,该理论是将评估者和相关利益者的价值判断、价值取向和个人情感的合理性考虑进来,将社会事实与价值取向结合起来,运用实证分析和规范分析相结合的评估方法,评估政策和相关措施在落实和执行过程中的效果。后实证主义评估理论的缺陷是以语言或话语界定客观存在,过分注重人的价值判断、价值取向和价值观念,易形成"人类中心主义"的思想[61]。实践参与评估理论强调在项目评估过程中要求训练有素的专业评估人员与有实践背景的决策者、肩负项目责任的组织成员以及对项目具有强烈兴趣的个体保持良好的互动合作来开展社会研究。实践参与评估理论强调的是评估过程要以实践为依据,评价要与项目的计划、组织、实施和相关决策紧密结合,评估结果要能被充分利用。

(4)基于系统科学的综合评价理论

在综合评价过程中有着广泛的系统理论。综合评价就是在不断改变的发展环境下对被评价客体进行系统的评价。根据系统理论,系统包含输入、转换、输出三个基本环节,每个评价系统都是一个系统转化装置,这个系统转化装置具有把输入转换成输出的功能[62]。输入是指外界环境对系统的作用,如系统输入的物质、能量、信息等。转换是指系统对接受的外界的作用进行加工处理,并使之转换成另一种形态的物质、能量、信息等。输出是指系统转换后的表现,如物质、能量、信息等。系统理论为综合评价提供了丰富的理论和方法依据。

任何一个研究对象都可以被看作一个完整的系统,系统之中包含多个要素和部分。系统是处于不断变化之中的。在综合评价中,评价活动和评价对象都可以被看作一个复杂的系统,因此可以用系统理论对其进行分析。综合评价可以被认为是应用评价系统对评价对象进行评价的系统工程。

(5)基于数理统计的综合评价理论

综合评价理论的产生和发展与数学、概率论、运筹学、统计学及计量经济学等学科的产生和发展是密不可分的。综合评价包括对评价客体从质和量的角度进行评价。质的角度的评价主要从投入指标、产出指标等方面反映。量的角度的评价是为了反映其发展状态和水平及其规律,通过一些数学方法和统计学方法对评价对象的数量特征和规律进行描述和分析。在科学评价的数量特征方面形成了许多数理统计科学的评价理论。早在 1888 年,Edgeworth 在论文《考试中的统计学》中提出了一种看法,他认为试卷中的不同部分应该使用不同的权重[63]。1913 年,Spearman 在《和与差的相关性》中研究了不同加权在评价活动中的作用。Thurstone 和 Likert 对定性计分法进行了讨论。20 世纪 70—80 年代,许多评价方法产生了,如多维偏好分析的线性规划法(LINMAO,1973)、层次分析法(AHP,1977)、数据包络分析法(DEA,1978)、理想解排序逼近法(TOPSIS)、消去与选择转移法(ELECTRE)等[64]。20 世纪 80—90 年代,数理统计科学在多个研究领域深入展开,如评价基础理论方法的研究、多属性评价问题、多目标评价问题、组合评价问题、群体评价问题、动态评价问题等。

(6)基于决策科学的综合评价理论

一般意义上的管理工作实际上就是通常所说的决策活动。企业的管理就是经营的管理和决策。自古以来,"决策"的思想与活动以经验为主。直到第二次世界大战之后,随着运筹学、系统分析、计算机技术的出现,决策从经验走向了科学,到了 20 世纪 50 年代行为科学被引入决策分析,使得决策真正成为一门科学[65]。

"经济人"的概念是古典决策理论的基础,功利主义哲学是其哲学基础,这种哲学认为人类的一切行为的目标就是追求享乐,避免痛苦,因此根据其所提供的享乐与所支付的代价来评定方案的价值。其基本假定是,在特定条件下人们都准确地预测到所有可能提供的决策方案和它们所带来的享乐或痛苦的程度,而且会理性地进行挑选,使得期望的价值最大化。至今,许多微观经济理论,如以产量、销售量、利润、资源增长指标等为目标的决策仍然采用这种假设。"经济人"理论是构建在绝对逻辑与推理基础上的决策理论[66]。在某个既定目标下,受到某些环境的约束,决策者根据信息、时间、能力和损益表选择最优方案。

综合评价的目的是为决策服务的,没有评价就没有决策。评价是为了进行科学合理的管理和决策。目前,在综合评价之中有着广泛的管理科学方法,如绩效管理、量化管理、系统工程等理论与方法。综合评价也可以认为是一种咨询活动,其与管理决策有着密切的关系。决策和评价是辩证统一的关系,因此科学的综合评价是以决策理论和方法为基础的。

2.2　　服务链评价原理

2.2.1　服务链评价分析

服务链是由各服务企业、政府、社会机构组成的,共同向消费者提供各种服务。从一个区域的服务产业来看,服务产业由若干个服务体系构成,而若干条服务链组成一个服务体系,服务是由服务体系来提供的。服务体系中每一条服务链都包含符合自己"链"要求的"结点",这些服务企业、社会机构、政府就组成"链"上的"结点",由"链"上的每一个"结点"对消费者提供所需要的服务。

在服务链评价分析中,需要考虑服务链是由谁主导建立的,这个涉及在服务链中的地位、角色及分工问题;往往服务链构建的主体不一样,对服务链的目标及评价标准也有较大差异。以市场为导向的行业,一般由核心服务企业来构建服务链,其对服务链上的结点企业的加入及退出均有一套完整的绩效考核标准,其评价以各结点企业的绩效评价为主。而有些政府主导的新兴行业,以政府或者社会机构为主导构建,其主要评价的是整个服务链的运营绩效及社会价值。

服务链评价是一项系统和复杂的工作,属于综合评价,不同服务链评价的目标及方法均有差异。从理论角度考虑,服务链评价需要考虑服务链的整体服务质量及服务效率问题;从现实角度考虑,服务链评价重点考虑整体绩效评价及单个企业的绩效评价;从政府服务业培育的角度考虑,服务链评价重点考虑整个服务链的运营绩效。而不同的评价目标,所涉及的评价指标体系、评价方法均有较大的差异。

本书从服务链的价值角度出发,服务链各成员均需要进行信息协调及信息共享,在完成各自工作的同时,更多的是与各个服务链上的合作企业沟通协作;也可以通过服务链上各个企业或者机构的协同情况来衡量服务链的协同情况及价值创造情况。本书从协同性的角度来评价服务链,就尽可能规避了不同服务链因目标不同评价标准不一致的问题;对服务链的协同性进行评价也是从服务链的内部合作情况来反映各自的价值情况。

2.2.2　服务链评价内容

关于协同性评价,国内外的学者从不同的视角对其进行了研究。协同性的表象是千变万化的,在研究过程中学者从表象入手,对协同性评价进行研究,形成了不同的研究视角,得出不同的研究结论。本书主要从不同的协同性评价的研究视角对主要观点加以汇总,具体如表 2.1 所示。

表 2.1　不同研究视角的协同性评价研究及其观点

学者	研究视角	观点
潘成云(2001); Kogut(1988)	协同动因	在产业优胜劣汰和产业重组阶段,产业价值链经过兼并重组,对产业内的资源进行重新整合,并形成生产系统[67];企业间的协同动因在于由企业与下游渠道商结盟形成有利的寡头垄断竞争格局,排除原材料竞争者[68]
傅元略和屈耀辉(2009);刘井建(2008)	成本管理	应用交易成本理论和企业网络理论,与企业集群协同相结合,研究成本管理协同对企业集群上下游企业配合程度的影响,以及核心企业在集群成本协同管理中的作用[69];在 R&D 项目与企业经营战略协同的假设下,构建了测度标准体系和评价方法[70]
楼高翔和曾赛星(2006);吴贵生,王毅和杨德林(2003)	技术创新	由区域技术创新协同能力入手,构建区域创新的评价体系,从技术创新网络成员、协同过程以及协同形式等方面,对区域技术创新协同能力建立测度框架,选择评价指标并形成评价体系[71];根据北京区域技术创新体系的缺陷,提出解决对策,构建包括科技投入和科技产出要素的北京区域技术创新评估指标体系[72]
Lewin, Long 和 Carroll(1999);Lichtenstein 和 McKelvey(2002)	环境角度	将环境细分为制度环境和超制度环境,构建了一个企业、产业和环境多层次协同演进的理论模型[73]。按照水平和垂直角度将协同演进分解:水平是横向的,即同级企业间的相互作用;垂直是纵向的,即企业与环境等更高层面的相互作用。而且协同演进将会发生在宏观和微观的不同层面[74]
Faraj 和 Xiao(2006)	专业技术	研究了快速响应的组织协同问题,通过对外伤医疗中心协同性的实地调研,从协同实践的角度,提出组织中专业技术协同和组织交流协同的重要性[75]

续　表

学者	研究视角	观点
Larsson 和 Bowen(1989)	协同服务	构建了四种服务相互依赖的方式,通过输入变量条件,将其与服务系统的设计相匹配,从而与适当的协同机制相组合,来研究受到员工及消费者影响而不断变化的组织形式对服务系统协同和设计的影响[30]
Bechky（2006）	组织机构协同	站在临时性项目组织的角度,对业务流程中的结构因素和功能模块进行研究,对协同影响因素的理解更加完整,用以提供对项目协同管理的支撑[76]
Kellogg Orlikowski 和 Yates(2006)	跨边界团队协同	主要针对不同团队的成员之间如何跨边界协同,应用实证研究的方法进行检验,研究不确定环境下,跨团队成员间对彼此工作的了解,以逐步调整并适应环境的变化[77]
Standifer 和 Bluedorn(2006)	战略联盟	在智力资源共享的前提下,联盟可以提高整个管理团队的效率,此模型特别适合应用于多种协同影响因素的联盟企业之间[78]
谢心灵,刘伟和 邓蕾(2008)	协调冲突	通过对联盟型网络组织的战略协同,达到战略一致和增强联盟竞争优势的目的,并指出联盟型网络组织战略协同的重点在于联盟组织各成员间的战略协同和成员内部的战略协同[79]
Gittell(2002)；Vlaar,Bosch 和 Volberda(2007)；张铁男,张亚娟 和韩兵(2009)	协同机制	结合协同理论和协同机制理论,研究例行程序、团队会议和跨功能组织等协同机制[80];对企业间合作过程中,信任机制的发展过程进行研究,讨论了在企业实现协同时,信任与不信任对其协同的影响,认为企业间合作过程中信任与不信任关系在很大程度上由合作关系的整个发展过程中的印象所决定[81];从边界要素、转换要素的结构呈现角度,讨论战略系统形成协同的机制[82]

　　本书在对上述大量文献研究的基础上,认为对服务链进行协同性评价,应该主要从核心企业内部协同性、企业间协同性和整个服务链协同性三个不同的层次来进行评价。由于三个层次各有其不同的特性,因此每个层次的协同性评价将会建立不同的评价指标体系。

2.3　本章小结

本章对服务链评价理论进行了梳理及分析。服务链评价是一项系统性和复杂性的工作,属于综合评价范畴,综合评价是一个交叉学科的研究领域,其中涉及许多理论。本章首先对综合性评价的概念进行了研究综述,对综合评价的评价目标、评价客体、评价主体、评价标准、评价指标、评价模型和评价结果 7 个评价要素以及综合评价主要过程进行了分析;然后,对基于价值的综合评价理论、基于比较与分类的综合评价理论、基于事实的综合评价理论、基于系统科学的综合评价理论、基于数理统计的综合评价理论、基于决策科学的综合评价理论 6 种典型的综合评价理论进行了阐述;最后对服务链评价的各种情况进行了分析,总结出应该从核心企业内部协同性、企业间协同性和整个服务链协同性三个不同层次来进行评价。

第 3 章　服务链评价方法

服务链评价是服务链构建及维系的一项重要内容，采用合适的评价方法才能体现服务链的价值。本章对综合评价方法进行了综述，将协同理论与熵理论结合，建立了协同熵函数，并确定了基于协同熵与 BP 神经网络相结合的服务链评价方法。

3.1　综合评价方法综述

评价方法经历了从最初的单一定性评价发展到当今使用一系列评价指标将定性评价与定量评价相结合，从以前只使用一种评价方法进入了多种评价方法相结合的阶段。评价方法的分类多样，如定性和定量、主观和客观、直接和间接等，各种评价方法、评价方法间的关系及评价方法存在的问题是目前科学评价研究的重要问题。

而随着评价对象的复杂化，单一指标、单一评价方法正在被多指标的综合评价体系所取代。综合评价体系结合多个评价指标和多种评价方法，从定量和定性的双重角度，对评价对象进行评价。运筹学、统计学、系统工程、模糊数学、神经网络等多学科理论被大量地应用于评价方法中，使其体系更加丰富[83-89]。综合评价方法比较如表 3.1 所示。

表 3.1　综合评价方法比较

评价方法	方法描述
专家评分法、德尔菲 (Delphi)法	主要受到评价人员的主观影响,通过实践经验和专业知识对评价对象进行判断和分析,是最早应用的一种评价方法
技术评价法、经济分析法	主要采用定量分析的方法,将所需分析的技术经济因素定量化,通过计算出各种技术经济因素的数量值来对不同方案进行评价和对比
多属性决策方法	应用于多指标、多目标的决策,是多准则决策的重要内容之一,属于离散型、有限数量的动态决策方案
数据包络分析法 (DEA)	是管理科学、数据经济学与运筹学的结合,应用于评价多投入指标和多产出指标的问题,是一种运用线性规划方法的数量分析方法,表示为产出和投入的效率比,目的在于最大化服务单位的效率
主成分分析、因子分析、聚类分析、判别分析	通过建立数据模型,对数据和资料进行统计分析,是一种定量的方法,具有准确性高、客观性强的特点,目前应用广泛。统计分析的具体方法种类众多,如对比分析法、分组分析法、因素分析法、相关分析法、回归分析法等
层次分析法、评分法、关联矩阵法	是一种综合性和整体性的决策方法,从系统总体的需求出发,以计算机为工具,在系统分解的基础上,进行综合集成研究,是定量与定性相结合的技术,广泛应用于社会、经济、区域规划、环境、能源、交通、人口等领域
模糊综合评价方法 (FCE)、模糊积分、模糊模式识别	属于多因素分析方法,利用模糊集及其运算,评价多影响因素问题,尤其是用于处理不确定性问题的评价
灰色综合评价方法	建立在灰色关联理论的基础上,是基于专家评判的一种综合评价方法,首先建立灰色综合评估模型,由专家对各因素进行评价并选择权重,最后综合评价
理想解排序逼近法	用于系统工程中的多目标决策评价,基于归一化后的原始数据矩阵,运用最优和最差向量表示出有限方案中的最优和最差方案,并计算出每个方案与最优方案和最差方案的距离,最后根据相对距离来评价其优劣

续　表

评价方法	方法描述
多目标决策方法	主要用于研究多目标的系统决策评价,是一种选择最优的评价分析方法。具体方法包括化多为少法、分层序列法、直接求非劣解法、目标规划法、多属性效用法、层次分析法、重排次序法等
基于 BP 人工神经网络的评价、模拟人脑工作的人工神经网络技术、模拟生物进化的遗传算法	模拟生物学的算法,如人脑智能化、生物进化遗传等,精度不高,需要大量的训练样本。计算复杂,多用于复杂的综合性评价,如城市发展综合水平的评价、股票价格的评估以及银行贷款项目的评价等
逐步法、序贯解法	建立在人机对话的基础上,体现柔性化管理思想,评价结果以是否满意决策为标准,没有定量化的决策标准
系统模拟与仿真评价方法	用于解决非线性决策问题,通过模拟真实环境,应用计算机模拟软件,建立合理的分析评价模型,对网络技术和仿真知识要求较高
绝对信息熵、相对信息熵、灰色系统理论与灰色综合评价	基于信息的观点,应用数理统计方法,主要研究信息的处理和传递,从而达到认识复杂系统运动规律的目的。其特点在于研究对象为抽象信息,而非具体的物质形态;从整体的角度,研究对象与外部环境之间的输入、输出关系;从实践得出认识,最终又回到实践
动态综合评价方法	引入了时间序列的思想,评价对象在一定时间范围内的发展情况和数据变化。数据按照时间顺序排列,形成平面数据,即"时序立体数据表";或是参数值动态变化
基于粗糙集理论的评价方法	基于信息系统理论,应用于研究含糊、不确定、不完整的多属性决策问题,是一种数学工具,也是一种综合评价方法
模糊人工神经网络评价方法、群决策支持系统(GDSS)的应用	基于计算机平台,而核心的模型库是各类单一评价方法的算法模型,将技术方法应用到综合评价领域,使方法更加灵活、智能化。支持半结构化和非结构化问题求解,是综合评价的一个发展方向

3.2　协同熵

3.2.1　协同理论的发展与演变

协同(synergy)一词最早来源于古希腊,意为协调合作。20 世纪 70 年代,德国物理学家 Haken 教授通过对物理学的研究,对协同学首次做出了定义。他发现物理学上很多客观系统在发展演化中,都可以依靠有目的、可调节的"自组织"过程,形成非平衡的有序结构。随着协同学在自然科学中的深入研究,管理学也逐渐开始应用协同学理论。伊戈尔·安索夫(Igor Ansoff)于 1965 年出版的《公司战略》一书中,把协同作为公司战略的影响因素之一,协同开始进入管理学领域[90]。由此,协同理论成为管理学的研究热点,应用于不确定性和系统复杂性度量,也成为研究很多复杂科学的重要理论。

日本学者伊丹敬之(Itami Hiroyuki)更深入地对协同进行了研究,提出了动态协同的定义。他认为协同不是一直存在的,而只有在使用公司隐形资产这一特殊资源时,才会出现真正的协同效应[91],这就是动态协同。动态协同的观点鼓励企业选择隐形资产的业务,尽最大的努力发展隐形资产,以期获取更多的协同效应。企业应关注于核心技能的培养,通过核心技能获取企业的核心竞争力。

但这些对协同效应的研究仍然局限于企业内部。在 20 世纪 70—80 年代,西方企业实施多元化战略、进行跨国业务扩张的高潮时期,出现了战略业务单元理论,这一理论与企业内部协同的研究发生冲突。迈克尔·波特(Michael E. Porter)在《竞争优势》一书中融合了协同理论与战略业务单元理论,分析了企业如何在行业内赢利并保持下去,同时将业务单元间的关联划分为有形、无形和竞争性三种关联类型。他利用价值链理论对企业的业务行为进行分析,研究价值链中业务行为对企业整体战略的影响。波特进一步对三种关联类型加以区别:有形关联主要列出各环节的共享业务行为类型;无形关联主要涉及不同价值链的业务单元间管理技巧的传播;竞争性关联是多领域竞争者连接各个行业中的业务使其形成一个整体。他认为三种关联类型中竞争性关联最重要,企业为取得竞争优势需要建立相应类型的关联[92]。

在经济发展全球化、一体化的趋势下,协同竞争理论应运而生。该理论是一种结合协同性与竞争性的理论。协同与竞争是矛盾统一的,在协同中竞争,在竞争中协同,两者相互制约,但又存在联系,共同存在于经济系统中,起着决定性的作用[93]。其矛盾性表现为:一方面,系统内部存在竞争,系统中各部门具有个体性,就要相互排斥,由此相互竞争;另一方面,系统中也存在协同,系统中各部门是相互联系、相互作用的,产生能量、物质和信息的交流,各部门不能单独存在,这就需要协同。竞争与协同是共存的,竞争为系统带来活力,协同为系统保持稳定,两者相互依存,缺一不可。协同竞争论不仅表现在企业内部相互协同与竞争的矛盾统一,同时在企业间、企业与外部环境中也都表现出协同与竞争的矛盾统一。协同理论从企业内部逐渐向企业间发展。

企业间协同的研究开始成为越来越多学者关注的重点。其中经典理论如核心竞争理论认为合作不仅存在于合作企业间,同样也存在于竞争企业间,这种战略联合可以使企业学习到竞争对手的内部技能,但同时也要保护自己的技能不被竞争对手获取。这种协同竞争性强,不稳定,主要目标在于培养自身的核心竞争能力[94-98]。

在企业间协同研究的基础上,协同理论的研究进一步向下游发展,将客户也列入协同的范围之内。普拉哈拉德认为互联网使客户与服务制造商之间的互动越来越积极,制造商不再主导两者间的互动关系,客户也可以影响甚至改变这一关系,成为制造商的对手。制造商需要与客户进行协同,来改变两者之间的竞争关系,使客户成为其竞争力的源泉[99]。

将客户纳入协同范围后,协同理论发展为供应链协同。此时,协同不仅存在于企业内部或企业之间,还存在于整个供应链。供应链管理是对从原材料采购到产品使用,从供应商到最终客户的整个物流、服务流、资金流和信息流的全过程的系统化管理[100]。

目前,供应链协同是供应链管理研究的热点。供应链协同(supply chain collaboration,SCC)是由供应链上各协同企业互相联合、彼此协调、共同努力的,这些协同企业包括各级供应商、制造商、分销商和客户[101]。在协同过程中,企业为了提高供应链的整体竞争力,进行信息共享和资源的再分配,形成紧密的联合体,以"双赢"或"多赢"为目标,最终实现以整体协同带动个体效益最大化的目的。

供应链协同概念最早是在 20 世纪 90 年代出现的,是企业管理与竞争模式变化下的新战略思想,是目前理论界和企业界的研究热点[102-111]。全球著名供应链管理专家 Anderson 和 Lee 于 1999 年首次在文章中指出,新一代的供应链战略就是协同供应链[112];随后,Ito 和 Salleh,Zimmer 分别对供应链成员间的协同[113]、供应链协同的奖惩机制[114]进行了研究;Akkermans 等,Türkay 等,Lin J 和 Lin T 从建模角度对协同建模和定量分析[115-117]、供应链协同的理论模型[115]和基于承诺的协同管理概念模型[116]进行了研究。在公司实务层面,IBM 在 1999 年提出其协同供应链解决方案;2002 年,美国著名的企业咨询公司 ARC 顾问集团提出了基于协同价值网络的协同制造管理(CMM)战略,并建立了 CMM 模型[117]。

协同理论的作用在于它解释了复杂的系统内部,大量子系统之间通过自组织、自学习使得无序的系统转化为有序的系统的过程。协同理论认为协同作用是由多个要素共同作用的,本书应用协同理论来研究汽车后服务链,从企业内部、企业间和整个服务链三个不同的层次来分析,每一方面都对其协同要素进行研究,并采用不同的指标进行量化。基于协同理论,汽车后服务链上各协同企业之间相互协作,力求达到系统的有序状态。这一有序状态是受汽车后服务链的客户需求直接影响的。当客户提出需求时,围绕客户多样化的需求,汽车后服务链的资源以集成服务企业为核心整合起来,服务链各合作企业加以协作,形成有序状态。在这一状态下,服务链各合作企业拥有的资源进行优化再次分配,导致整个服务链的效率提高。汽车后服务链的资源优化是由客户需求带动的。

在汽车后服务链的协同活动中,协同是高级别的复杂协作,各协同主体在协同过程中具有不同的地位,但谁也无法替代谁,彼此间同心协力、相互配合、共同发展,为了共同的目标,完成共同的任务。协同管理不仅使个体效益提高,而且使整体效益提高,达到有效利用资源,降低浪费的目的。协同问题是一个综合的方法,本书将协同理论引入汽车后服务链中,有助于汽车后服务链产生协同效应,创造核心竞争力。

3.2.2　熵理论的发展与演变

熵(entropy)在希腊语言中的含义是变化的容量。1865 年,熵理论最初由德国物理学家克劳修斯(K. Clausius)提出,他在《热之唯动说》中指出,在热力学中,熵是一个描述物质能量损耗程度的度量[118]。熵是一个状态参数,当熵值一定时,其物质状态也是一定的。在物理学中,一般用 S 表示熵,

熵的公式 $\mathrm{d}S \geqslant \dfrac{\mathrm{d}Q}{T}$ 表示热力学第二定律,其中,$\mathrm{d}Q$ 表示物质热量的增加,T 表示物质温度。其存在两个过程:①在可逆过程中,$\mathrm{d}S = \dfrac{\mathrm{d}Q}{T}$;②在不可逆过程中,$\mathrm{d}S > \dfrac{\mathrm{d}Q}{T}$。当外界无热量交换时 $\mathrm{d}Q = 0$,即在封闭孤立状态。它揭示了物质内部系统自发运行在不可逆过程中,且其熵值在不断增加。在物质系统不可逆的过程中熵值会不断增加,在可逆过程中熵值保持不变,即熵增原理,也是热力学第二定律[119-121]。

从分子运动论的研究来看,物质中分子总是从有序趋向无序,此时物质的熵值不断变大。因此,人们用熵值增加表示物质的分子不断运动使得无序程度不断增加。1870 年,波尔兹曼(Ludwig Edward Boltzmann)发现了物质分子处于不同能级状态个数的对数值与熵成正比,即物质系统的波氏熵,用公式表达为 $S = K\ln W$(其中 K 为波尔兹曼系数;W 为系统的状态数或者热力学概率)。波氏熵为熵提供了微观的计算方法,将熵与微观状态的数量联系起来,熵值越大,微观物质状态数量越多,物质内部的分子运动越混乱。因此,熵开始作为衡量物质系统内部混乱程度的度量标准[122-124]。

之后,经过大量科学家的努力,熵从热力学扩展到各种领域[125-134]。普朗克(Max Planck)和爱因斯坦(Albert Einstein)在 20 世纪初将熵应用到物理学的各个阵地。1929 年,齐拉德(Leo Szilfird)首次提出了负熵。1944 年,薛定谔(Erwin Schrdinger)又把负熵引入生物学领域,并用负熵来表示有机体的有序状态,一个有机体要使本身稳定在较好的有序水平上,就需要不断进行新陈代谢,不断从环境中获取物质和能量以增加负熵;假如生命体的熵接近最大值,就是死亡。并根据波尔兹曼的方程式“$S = K\ln W$”,建立了负熵的公式“$-S = K\ln(1/W)$”,其中 W 表示有关物质的原子无序状态的量度,$1/W$ 表示有序的量度($1/W$ 的对数是 W 的负对数)。这些工作较好地促进了熵进入其他领域。

20 世纪 30 年代后期,比利时的普利高津(Llya Prigogine)将熵理论从平衡态应用到了非线性及非平衡态[135-138]。1948 年,维纳(Norbert Wiener)[139]和香农(Claude Elwood Shannon)[140]提出了信息论,并把通信过程中的信号不确定性定义为信息熵,把消除了多少不确定性信号定义为信息量。香农信息论的公式为:$H = -C \sum P_i \ln P_i$(其中 H 为香农熵,C

为某一常数，P 为发生概率）。香农认为系统的有序程度的增加使得熵减少，信息是能够消除不确定性的东西，信息量被看作负概率量的对数，事实上就是负熵[141-142]。从此，熵从物理学走向信息学，给熵注入了新的活力。

20 世纪 60 年代，普利高津提出的耗散结构(dissipative structure)论与哈肯(Hermann Haken)提出的协同学，阐述了物质系统的熵值产生的内部机制与外部条件，并不断应用于城市演化、社会系统、经济发展等研究，扩展到生物学、生态学、信息学、语言学以及社会科学等领域。熵已经在工程技术、自然科学、人文科学和社会科学中得到了全面而广泛的应用，已经被认为是一门广泛应用的交叉学科。1985 年，韦伯(Bruce H. Weber)等把熵、信息和创新结合起来研究，并撰写了 *Entropy, Information and Evolution*[143]。Wang 和 Bras 从最大熵增理论入手，首先对求解模型的参数表达式进行假设和推定，再对裸地热通量进行计算，认为最大熵增模型是在特定信息的条件下最好的预测方法[136]。Goody 将最大熵增模型应用于气候研究，并用于处理单一气候过程和诊断研究[144]。Juretic 和 Zupanovic 将最大熵增模型用于控制植物的光合作用过程[145]。Kleidon 和 Schymanski 将最大熵增理论用于研究在宽域的时空尺度下事物运动现象远离平衡系统状况[146]。

1923 年，德国科学家普朗克在我国进行学术交流时，entropy 之前没有相应的中文翻译，胡刚复教授采用"熵"来表示。20 世纪 80 年代，钱三强带领科学家们在欧洲学习了耗散结构论，"熵"便开始在我国成为研究热点。胡长安、王身立、李伟钢在 20 世纪 80 年代开始对负熵进行了各种论述[147-149]；1991 年，顾昌耀和邱菀华首次阐述了复熵及传递熵，并应用于决策分析研究，得到一系列有价值的结论[150-151]；孙克辉等采用模糊熵算法对典型离散混沌系统和连续混沌系统的复杂性进行了分析[152]；周荣喜等用熵作为数据稳定性的度量，并用熵值确定权重的客观方法[153]；还有一些学者[154-158]研究熵理论及耗散结构理论与其他学科的交叉应用。爱因斯坦说："熵是整个科学的首要法则。"熵经过 100 多年的研究，已经成为不确定性的最佳度量[159-160]。

近年来，熵的概念推广到社会领域，我国学者更是首次将熵引入管理科学中，得到管理熵的概念。[161-163]管理熵主要用于组织间管理活动的复杂性及协同性评价，它表现了管理活动的管理效率递减规律。本书大胆尝试将熵理论与协同理论相结合，提出协同熵概念，用协同熵来描述服务链各方服务企业(部门)间合作的协同性度量,协同熵值越大服务链服务企业(部门)间合作的绩效越差,协同熵值越小服务链服务企业(部门)间合作的绩效越好。

3.2.3 协同熵函数

有序与无序存在于任何系统中,它们在系统中相互对立,但在一定条件下也可以相互转换,有序可以转化为无序,无序也可以转化为有序。在不同学科中,系统的有序度的描述方法有所差异。在协同学中,哈肯采用了序参量来度量系统的有序度,序参量作为系统内有序和无序转化的观测量,序参量变小则系统由有序向无序转换,序参量越小系统越处于无规则的混乱状态,各子系统间的协同越微弱,当各子系统不合作、相对独立时其序参量为零[164]。在耗散结构理论中,克劳修斯采用熵的大小来度量系统内部的有序度:熵值越大系统越无序,其系统内部越混乱;而熵值越小越有序。为使得系统由无序朝着有序的方向发展,这个偏离平衡态的开放系统需要不断与外界进行物质、能量、信息等交换,其内部子系统则会相互合作,负熵不断增加,使得系统形成新的有序结构。

信息熵奠基人香农(Claude E. Shannon)把系统 S 中不同的离散事件表示为 $S = \{E_1, E_2, \cdots, E_n\}$,以及每个离散事件的概率为 $P = \{P_1, P_2, \cdots, P_n\}$,把系统中的不确定性的多少用信息熵来度量,信息熵定义为

$$H(S) = -\sum P_i \log P_i \quad (i = 1, 2, \cdots, n) \tag{3.1}$$

式中,对数一般取 2 为底,单位为比特。但是,也可以取其他对数底,采用其他相应的单位,它们间可用换底公式换算。在管理系统中,信息流是联结管理与管理对象的神经脉络,管理系统的协同信息量是度量系统协同性的基础。宋华岭等曾详细阐述了管理熵的含义,即系统内部单个要素的信息量与整个系统信息总量的贡献程度的度量[165]。

设系统或系统要素为 d_i 与 d_j,如果系统间或者系统要素间有协同关系,则可以认为其联结 a_{ij} 为系统协同关系链。发生协同关系的系统间的关系联结,用节点表示[158]。若 n_r 为系统的协同关系链数,t 为不同系统要素数,则系统协同关系链为 $n = \sum_{r=1}^{t} n_r$。

若概率为 $f_x = n_x/n$,根据概率与香农提出的信息熵函数的关系,则协同熵为

$$H = -\sum_{r=1}^{t} \frac{n_t}{n} \log \frac{n_t}{n}$$

$$= -\sum_{r=1}^{t} f_r \log f_r = \sum_{r=1}^{t} p_r \log p_r \qquad (3.2)$$

本书认为任何一种相对开放的管理系统在企业(部门)间相互合作过程中,不断与外界交换各种物资及信息,呈现出合作绩效逐渐变好、有序度不断增加的势头。故用协同熵来描述企业(部门)之间合作的协同度量,协同熵值越大企业(部门)间合作的绩效越差,有序度越弱;反之,协同熵值越小企业(部门)间合作的绩效越好[146],有序度越强。

3.3　BP 神经网络

BP 神经网络是一种智能化评价方法,它主要是模拟人脑对复杂事务的处理的人工神经网络技术,其算法模拟人脑训练及学习并获取知识的过程,获取知识后并将其存储下来。BP 是在人脑思维模拟的基础上的模仿、简化和抽象,能够适应环境并对客观规律进行"揣摩"、"提炼"和评价。网络是由神经元连接形成的,形成了自适应能力,用于非线性的动态复杂系统。这种方法精度不高,需要大量的训练样本,适用于城市发展综合水平的评价、股票价格的评估以及银行贷款项目等综合评价。

1986 年,Rumelhart 和 McCelland[166]对 BP 神经网络算法进行了详尽的分析,证明了多层神经网络的运算能力。BP 算法的基本思想是,学习过程由正向传播和反向传播两个过程组成[167-173]。正向传播时,输入样本从输入层导入,经过各隐含层逐层处理后传入输出层。如果输出层的实际输出与期望输出误差太大,则转入误差的反向传播过程。误差反传是将输出误差以某种形式通过隐含层向输入层逐层反传,并将误差分摊给各层的所有单元,从而获得各层单元的误差信号,此误差信号可以作为修正各单元权值的依据。这种正向传播与反向传播的各层权值处于不断调整的过程,也就是网络的学习训练过程。此过程一直进行到网络输出的误差减少到可接受的程度,或进行到预先设定的学习次数为止。BP 神经网络常用的是三层网络结构,即输入层、隐含层和输出层,而隐含层还可以分为多层,其网络结构如图 3.1 所示。输入层主要负责接收输入信号,并将其传向隐含层;隐含层作为中间层,负责内部信息处理、转换信号,隐含层可分为单隐含层或多隐含层等不同结构;最后一个隐含层神经元将信号传向输出层,输出层向外界输出信息处理结果。正向传播即信号从输入层传入隐含层再传向输出层,而反向传播即误差信号从输出层传入隐含层再传向输入层,如图 3.2 所示。

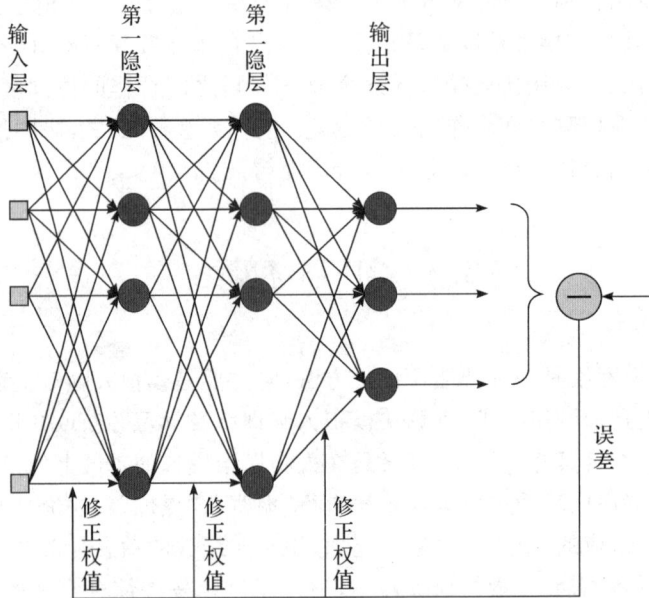

图 3.1　BP 网络结构

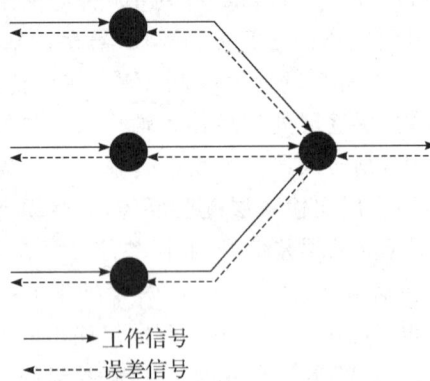

图 3.2　正向传播与反向传播

下面推导 BP 算法。

假设 $y_j(n)$ 为第 n 次迭代过程中第 j 个单元的输出,则该神经单元的误差为

$$e_j(n) = d_j(n) - y_j(n) \tag{3.3}$$

假设 $\frac{1}{2} e_j^2(n)$ 为单元 j 的平方误差,则输出平方差的误差值为

$$\xi(n) = \frac{1}{2} \sum_{j \in c} e_j^2(n) \tag{3.4}$$

其中,c 是所有输出单元的集合。假设训练样本总数是 N 个,则其误差的均值为

$$\xi_{\text{AV}} = \frac{1}{N} \sum_{n=1}^{N} \xi(n) \tag{3.5}$$

学习的函数是 ξ_{AV},学习的主要目的是要 ξ_{AV} 达到最小值。

假设单元 j 的输入为

$$\nu_j(n) = \sum_{i=0}^{p} \omega_{ji}(n) y_i(n) \tag{3.6}$$

其中,p 为单元 j 上输入的个数,有

$$y_j(n) = \varphi_j [\nu_j(n)] \tag{3.7}$$

$\xi(n)$ 对 ω_{ji} 的梯度为

$$\frac{\partial \xi(n)}{\partial \omega_{ji}} = \frac{\partial \xi(n) \partial e_j(n) \partial y_j(n) \partial \nu_j(n)}{\partial e_j(n) \partial y_j(n) \partial \nu_j(n) \partial \omega_{ji}(n)} \tag{3.8}$$

因为

$$\frac{\partial \xi(n)}{\partial e_j(n)} = e_j(n), \quad \frac{\partial e_j(n)}{\partial y_j(n)} = -1, \quad \frac{\partial y_j(n)}{\partial \nu_j(n)} = \varphi_j'[\nu_j(n)], \quad \frac{\partial \nu_j(n)}{\partial \omega_{ji}(n)} = y_j(n)$$

所以

$$\frac{\partial \xi(n)}{\partial \omega_{ji}(n)} = -e_j(n) \varphi_j'[\nu_j(n)] y_j(n) \tag{3.9}$$

权值 $\Delta \omega_{ji}$ 的修正量为

$$\Delta \omega_{ji}(n) = -\eta \frac{\partial \xi(n)}{\partial \omega_{ji}(n)} = -\eta \delta_j(n) y_j(n) \tag{3.10}$$

修正量按梯度下降方向用负号表示为

$$\delta_j(n) = -\frac{\partial \xi(n) \partial e_j(n) \partial y_j(n)}{\partial e_j(n) \partial y_j(n) \partial \nu_j(n)} = e_j(n) \varphi_j'[\nu_j(n)] \tag{3.11}$$

称为局部梯度。

下面分两种情形阐述：

(1)若神经单元 j 是一个输出单元，则有

$$\delta_j(n) = [d_j(n) - y_j(n)]\varphi_j{}'[\nu_j(n)] \tag{3.12}$$

(2)若神经单元 j 是隐含单元，则有

$$\delta_j(n) = -\frac{\partial \xi(n)}{\partial y_j(n)}\varphi_j{}'[\nu_j(n)] \tag{3.13}$$

当 k 为输出单元时，有

$$\xi(n) = \frac{1}{2}\sum_{k \in C} e_k^2(n) \tag{3.14}$$

对 $\partial y_j(n)$ 求导，得

$$\frac{\partial \xi(n)}{\partial y_j(n)} = \sum_k e_k(n)\frac{\partial e_k(n)}{\partial y_j(n)} = \sum_k e_k(n)\frac{\partial e_k(n)}{\partial \nu_k(n)} \cdot \frac{\partial \nu_k(n)}{\partial y_j(n)} \tag{3.15}$$

因为 $e_k(n) = d_k(n) - y_k(n) = d_k(n) - \varphi_k[\nu_k(n)]$，所以

$$\frac{\partial e_k(n)}{\partial \nu_k(n)} = -\varphi_k{}'[\nu_k(n)] \tag{3.16}$$

$$\nu_k(n) = \sum_{j=0}^{q}\omega_{kj}(n)y_j(n) \tag{3.17}$$

其中，q 为单元 k 的输入个数。

对 $y_j(n)$ 求导，则为

$$\frac{\partial \nu_k(n)}{\partial y_j(n)} = \omega_{kj}(n) \tag{3.18}$$

所以，

$$\frac{\partial \xi(n)}{\partial y_j(n)} = -\sum_k e_k(n)\varphi_k{}'(n)\nu_k(n)\omega_{kj}(n) = -\sum_k \delta_k(n)\omega_{kj}(n) \tag{3.19}$$

$\delta_k(n) = \varphi_j{}'[\nu_j(n)]\sum_k \delta_k(n)\omega_{kj}(n)$，$j$ 为隐含单元。

根据以上推导，权值修正量 ω_{kj} 可表示为

$$\omega_{kj} = \eta \cdot \delta_j(n) \cdot y_i(n)$$

其中，η 为学习步长，$\delta_j(n)$ 为局部梯度，$y_i(n)$ 为单元 j 的输入信号。$\delta_j(n)$ 有两种情形：

(1)当 j 为一个业务输出单元时，$\delta_j(n)$ 为 $\varphi_j{}'[\nu_j(n)]$ 与误差 $e_j(n)$ 之积。

(2)当 j 是一个隐含单元时，$\delta_j(n)$ 是 $\varphi_j{'}[v_j(n)]$ 与后层的 δ 的加权和的乘积。

在实际应用中，训练样本要不断进行学习，直到符合目标误差。没有达到目标时，权重需要不断修改，并计算总的误差，即

$$\xi_{AV} = \frac{1}{2N} \sum_{n=1}^{N} \sum_{j \in C} e_j^2(n) \qquad (3.20)$$

再求 $\Delta\omega_{ji}(n) = -\eta \dfrac{\partial \xi_{AV}}{\partial \omega_{ji}} = -\dfrac{\eta}{N} \sum\limits_{n=1}^{N} e_j(n) \dfrac{\partial e_j(n)}{\partial \omega_{ji}}$ ，其中 $\dfrac{\partial e_j(n)}{\partial \omega_{ji}}$ 的求法与上述一致。

BP 算法如下：

(1)选定合适的 BP 网络结构，初始化，设置所有权值和阈值。

(2)对每个输入样本进行计算。

①正向计算

对第 l 层的 j 神经单元，有

$$v_j^{(l)}(n) = \sum_{i=0}^{p} \omega_{ji}^{(l)}(n) y_i^{(l-1)}(n) \qquad (3.21)$$

其中，$y_i^{(l-1)}(n)$ 为前一层 $[(l-1)$ 层$]$ 的单元 i 传来的信号 $[$当 $=0$ 时，置 $y_0^{(l-1)}(n) = -1$，$\omega_{j0}^{(l)}(n) = \theta_j^{(l)}(n)]$，若神经单元 j 选用 sigmoid 函数，则

$$y_i^{(l)}(n) = \frac{1}{1 + \exp[-v_j^{(l)}(n)]} \qquad (3.22)$$

$$\varphi_j{'}[v_j(n)] = \frac{\partial y_j^{(l)}(n)}{\partial v_j(n)} = \frac{\exp[-v_j^{(l)}(n)]}{1 + \exp[-v_j^{(l)}(n)]} = y_j^{(l)}(n)[1 - y_j^{(l)}(n)]$$

$$(3.23)$$

假设神经单元 j 为第一隐含层（即 $l = 1$），则

$$y_i^{(0)}(n) = x_j(n) \qquad (3.24)$$

假设神经单元 j 为输出层（$l = L$），则

$y_i^{(L)}(n) = O_j(n)$，且 $e_j(n) = d_j(n) - O_j(n)$

②反向计算 δ

对输出单元，有

$$\delta_j^{(L)}(n) = e_j^{(L)}(n) O_j(n)[1 - O_j(n)] \qquad (3.25)$$

对隐含单元，有

$$\delta_j^{(l)}(n) = y_j^{(l)}(n)\left[1 - y_j^{(l)}(n)\right] \sum_k \delta_k^{(l+1)}(n)\omega_{kj}^{(l+1)}(n) \qquad (3.26)$$

③修正权值

$$\omega_{kj}^{(l)}(n+1) = \omega_{kj}^{(l)}(n) + \eta\delta_j^{(l)}(n)y_i^{(l-1)}(n) \qquad (3.27)$$

(3) $n = n+1$,输入新的训练样本,直至 ξ_{AV} 达到目标误差要求。

BP 算法的具体过程如图 3.3 所示,其中阴影部分为正向传播计算,其余部分为反向计算。

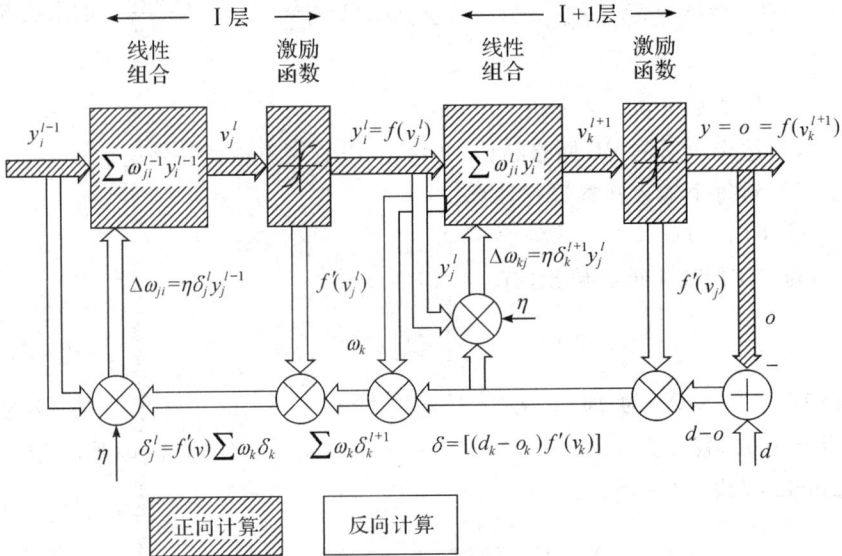

图 3.3　BP 算法的具体过程

BP 算法的流程如图 3.4 所示,权值初始化 ω_0,输入训练样本 x,再计算各层的输出值及输出层的误差 E;根据局部梯度 δ_j, δ_k 的值修正权值 ω_k,ω_j;判断是否有未学习过的训练样本,如果是 Y,则开始新一步的训练;如果是 N,则判断 E 是否小于 $E_{\max}$,结果是 Y 就停止,结果是 N 使 $E \leftarrow 0$,开始新一轮的训练。

本书将采用 BP 神经网络这一综合评价方法对服务链的企业内部、企业间和整个服务链的协同性进行综合性评价。

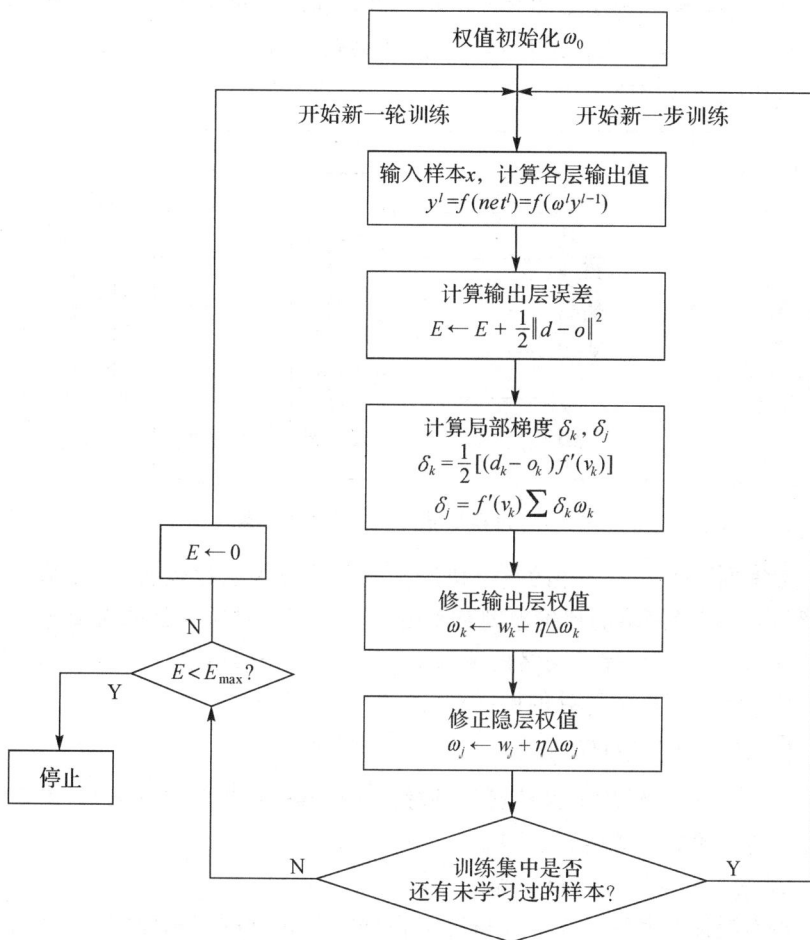

图 3.4 BP 算法的流程

3.4 基于协同熵的服务链评价方法

在建立汽车后服务链协同评价模型的指标体系后,本书将采用协同熵对这些协同评价指标进行度量,其结果值将输入 BP 神经网络模型,对汽车后服务链的企业内部、企业间和整个服务链的协同性进行整体评价。汽车后服务链协同输入模型如图 3.5 所示。最后利用协同熵函数对每个评价指标进行度量,并将度量值进行归一化后作为输入值,选用 BP 神经网络的方法进行协同性的训练与仿真。

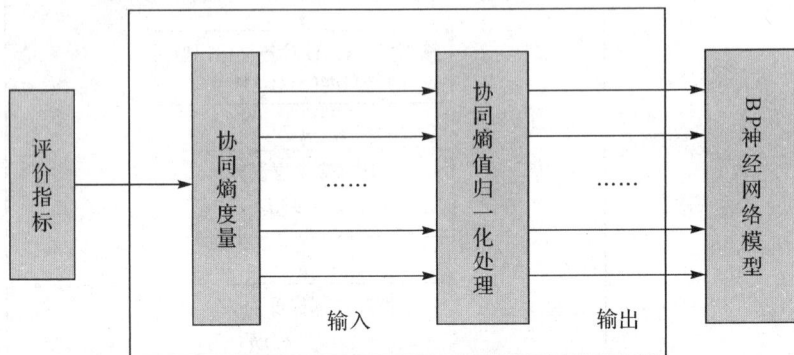

图 3.5　汽车后服务链协同输入模型

考虑到汽车后服务链的每个协同性指标涉及因素比较多,因此基于协同熵和 BP 神经网络的评价模型是利用协同熵理论对所评价的对象进行度量,并以此作为 BP 神经网络的输入值,经 BP 神经网络系统处理判别后确定当前汽车后服务链所处的协同状态,如图 3.6 所示。

(1)网络模型设计

BP 神经网络结构的设计通常是对输入层和输出层神经元数目、隐含层节点及传递函数的确定[174-183]。

① 输入层神经元数目的确定

输入层神经元数目在一般情况下根据需要评价的指标而定,本书汽车后服务协同性分为企业内部协同性、企业间协同性及整个服务链的协同性三个层次的协同性评价,每个层次的协同性评价都需要建立完整的评价指标体系,所以每个层次的评价指标个数即为输入层神经元数目。

② 输出层神经元数目的确定

由于汽车后服务链协同性为定性指标,且用一个输出结果来表示协同性评价结果。为了评价结果便于理解,协同性可分为完全协同、良好协同、一般协同、不协同这四个等级。完全协同表示汽车后服务链各子系统合作达到满意的状态,且协同工作各项指标达到优秀;良好协同表示汽车后服务链各子系统合作达到良好的状态,且协同工作各项指标达到良好;一般协同

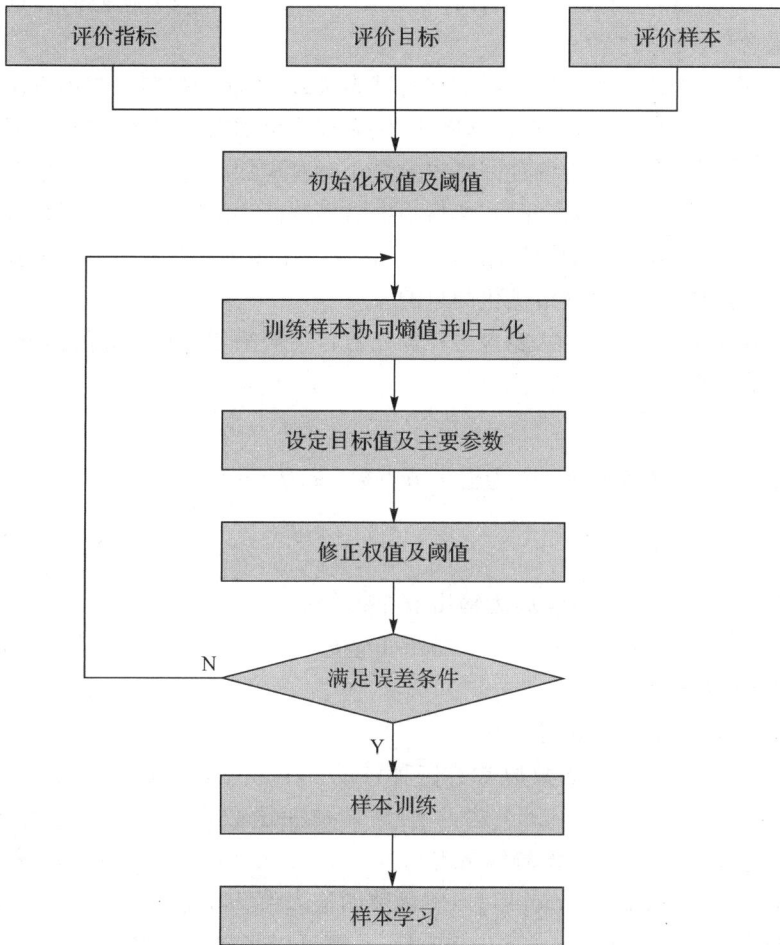

图 3.6　BP 神经网络评价方法

表示协同工作各项指标绝大部分表现一般,整体工作效果受到一定影响;不协同表示汽车后服务链各子系统几乎不合作,协同工作各项指标很差,不能达到预期目标。这四个等级分别对应的得分区间为:完全协同(0.8,1.0];良好协同(0.6,0.8];一般协同(0.3,0.6];不协同(0,0.3]。

③ 隐含层节点的确定

理论分析证明,具有一层隐含层的感知器可以映射到所有连续函数,只有当学习不连续函数时,才需要两层隐含层。经过测试,本书汽车后服务企业内部协同性及企业间协同性评价选用一层隐含层,服务链协同性选用两层隐含层。

理论上,确定最佳隐含层节点有试凑法、增长法和修剪法三种方法。试凑法是先设置较少的节点训练网络,然后逐步增加隐含层节点数,用同一个样本集进行训练,从中确定网络误差最小时对应的隐含层节点数;增长法是从一个较小结构的网络开始,然后根据需要逐渐添加隐含层节点数;修剪法正好相反,先从复杂的网络结构开始,按照一定规则删除或合并相关程度较高的节点数,以达到网络优化的目的。

在一般现实工作中,隐含层神经元数目一般采用比较经典的经验公式,主要有下面三个:

$$q = \sqrt{n+m} + a \tag{3.28}$$

其中,n 为输入节点数,m 为输出节点数,a 为 $1\sim10$ 的整数。

$$q = \frac{3\sqrt{nm}}{2} \tag{3.29}$$

其中,n 为输入节点数,m 为输出节点数。

$$q = \log_2 n \tag{3.30}$$

其中,n 为输入节点数。

④ 传递函数的确定

BP 网络的传递函数通常有三种:log-sigmoid、tan-sigmoid 及 purelin。log-sigmoid 和 tan-sigmoid 这两种为非线性函数,purelin 为线性函数。log-sigmoid 可以将函数的输入值 x,$x \in (-\infty, +\infty)$ 转换成输出值 y,$y \in [0,1]$;tan-sigmoid 可以将函数的输入值 x,$x \in (-\infty, +\infty)$ 转换成输出值 y,$y \in [-1,+1]$;purelin 函数可以将输入与输出值取任意值。三种函数的输入和输出值如图 3.7 所示。

根据对本书的样本集进行多次训练时的结果,本书输入层与隐含层之间的转移函数选用 log-sigmoid 函数,隐含层与输出层间的转移函数选用 tan-sigmoid 函数。

(2)初始权值和阈值的选取

初始权值和阈值确定后,相互连接的权值和阈值是随着学习规则的改变而变的。不论用哪一种学习规则,调整网络权值和阈值的目的都是使误差减小。

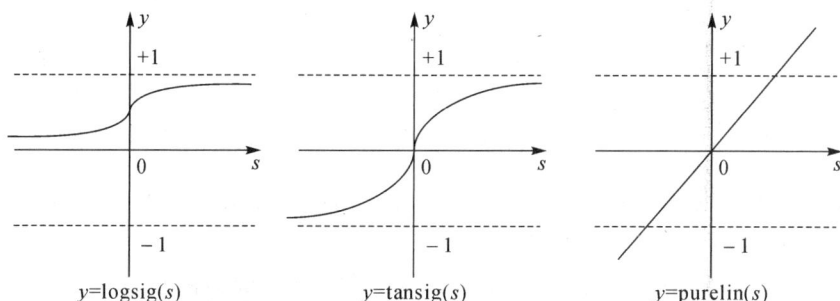

$y=\text{logsig}(s)$　　　　$y=\text{tansig}(s)$　　　　$y=\text{purelin}(s)$

图 3.7　BP 神经网络的传递函数

在实际应用中,各权值及阈值的起始值应选为均匀分布的小数经验值,约为 $(-2.3/F, 2.3/F)$,在很多应用中也有人选用 $(-3/\sqrt{F}, 3/\sqrt{F})$,其中 F 为输入层神经元数目。本书根据对样本数据的测试,初始权值和阈值均选用 $(-3/\sqrt{F}, 3/\sqrt{F})$。

(3)输入和输出数据的归一化处理

对输入和输出数据常用的归一化处理方法主要有以下几种:

① 将数据归一到 0～1

$$\hat{X} = \frac{X - X_{\min}}{X_{\max} - X_{\min}} \tag{3.31}$$

其中,X,$\hat{X}$ 分别为归一化前、归一化后的值;$X_{\min}$,$X_{\max}$ 为输入或输出数据中的最小值、最大值。

根据 BP 网络的学习时间及变化速度,也可将数据转换在 0.1～0.9 或者 0.2～0.8,这样数据变化梯度比较大,速度快,改进了网络的性能。

$$\hat{X} = 0.1 + \frac{0.8 \times (X - X_{\min})}{X_{\max} - X_{\min}} \qquad \hat{X} \in [0.1, 0.9] \tag{3.32}$$

其中,X,$\hat{X}$ 分别为归一化前、归一化后的值;$X_{\min}$,$X_{\max}$ 为输入或输出数据中的最小值、最大值。

把式(3.32)输入或输出数据归一化到区间 $[a, b]$ 的公式,即

$$\hat{X} = a + \frac{(b-a) \times (X - X_{\min})}{X_{\max} - X_{\min}} \qquad \hat{X} \in [a, b] \tag{3.33}$$

其中,a,b 属于 $(0, 1)$,且 $a < b$;X,$\hat{X}$ 分别为归一化前、归一化后的值;$X_{\min}$,$X_{\max}$ 为输入或输出数据中的最小值、最大值。

② 将数据归一到 $-1\sim1$

$$\hat{X} = \frac{2 \times (X - \overline{X})}{X_{max} - X_{min}} \tag{3.34}$$

其中，$\overline{X} = \dfrac{X_{max} + X_{min}}{2}$，即为输入或输出最大值与最小值的中间值；$X$，$\hat{X}$ 分别为归一化前、归一化后的值；X_{min}，X_{max} 为输入或输出数据中的最小值、最大值。

Matlab 中还有一些归一化方法，例如 Mapminmax，由此可将

$$\hat{X} = 2 \times \frac{X - X_{min}}{X_{max} - X_{min}} - 1 \tag{3.35}$$

其中，X，$\hat{X}$ 分别为归一化前、归一化后的值；X_{min}，X_{max} 为输入或输出数据中的最小值、最大值。

(4)网络主要参数的选择

① 训练函数：根据汽车后服务链协同性的训练测试，本书选择 traingd 函数作为训练函数，该训练函数将沿性能参数的负梯度方向不断调整网络的权值和阈值。

② 网络学习函数：根据汽车后服务链协同性的训练测试，本书选用 learngdm 函数，此学习函数能够以动量梯度下降方法不断对权值和 IAIQ 值进行调整。

③ 性能函数：根据汽车后服务链协同性的训练测试，本书选用 mse 函数，该性能函数表示了输出量和目标量之间的均方误差。

④ 学习率：本书的学习率选取 0.01。

⑤ 期望误差：本书的期望误差选取 0.01。

⑥ 最大训练次数：根据汽车后服务链协同性的训练测试，本书的最大训练次数定为 500 次。

⑦ 仿真每运行 50 次显示一次学习过程。

3.5　本章小结

在对综合评价方法进行概述的基础上，本章重点研究了基于协同熵的服务链评价方法。结论如下：

　　(1)构建协同熵函数。将熵理论与协同理论相结合,提出协同熵的概念,用以描述系统间要素的协同性度量。协同熵值越小表示系统要素间相互合作过程中,不断与外界交换各种物资及信息,呈现出合作绩效越好,有序度增强;而协同熵值越大则表明系统要素间合作的绩效越差,有序度减弱。

　　(2)确定评价方法。利用协同熵函数对每个评价指标进行度量,对 BP 网络模型、初始权值和阈值的选取,输入和输出数据的归一化处理和网络主要参数进行设计,并将度量值作为输入值进行协同性的训练与仿真。

第4章　汽车后服务链评价模型

随着我国汽车保有量不断增长,汽车后服务的需求不断增多,使得越来越多的企业进入汽车后服务行业。为解决汽车后服务业发展带来的各种问题及适应越来越复杂的客户需求,汽车后服务企业不仅需要提升内部的竞争力,更加需要关注外部资源与竞争力。越来越多的汽车后服务企业选择业务外包及与其他企业进行合作,汽车后服务链的竞争逐步取代单个企业的竞争。而汽车后服务链协同效应的好坏直接关系到汽车后服务链竞争能力的强弱和能否实现整个汽车后服务链的共同目标。本章在汽车后服务发展现状分析的基础上,对服务链模型及汽车后服务链模型进行了构建,并对汽车后服务链评价模型进行了分析及构建。

4.1　汽车后服务发展现状

4.1.1　汽车市场发展情况

2000—2019 年,我国的汽车产量从 206.91 万辆增长到 2572.1 万辆,汽车销量从 208.86 万辆增长到 2576.9 万辆。据中国汽车工业协会统计,我国 2019 年生产汽车 2572.1 万辆,销售汽车 2576.9 万辆,产量和销量同比分别下降了 7.5％和 8.2％。

与之相关的还有汽车保有量。2019 年全国汽车保有量 3.48 亿辆,从 2005 年到 2019 年,我国汽车保有量增长迅速,从 2421 万辆增长到 3.48 亿辆。2019 年新车登记达 3214 万辆,汽车保有量净增加 2578 万辆,达到了历史最高水平。2005—2019 年,我国汽车保有量的增长率均为 10% ~ 20%,复合增长率为 14.47%。影响汽车保有量的因素:一是我国汽车的销量;二是国家的汽车产业政策;三是居民的收入水平。2018 年 10 月,国家信息中心预测,截至 2025 年我国汽车保有量将超过 6 亿辆[184]。中国千人汽车保有量已经达到 179 辆,超过世界平均千人汽车保有量 170 辆的水平。

中国质量协会发布的《2019 年汽车行业用户满意度(CACSI)测评结果》显示,2019 年我国汽车行业用户满意度指数(CACSI)为 80 分(满分 100 分),同比提高 1 分。中国汽车行业用户满意度指数连续 3 年稳步提升,再次达到历史最高水平。在影响满意度的四大要素中,品牌形象得分与去年持平,预期质量下降 0.2 分,感知质量和感知价值均提高 0.6 分[185-187]。

随着汽车在普通家庭的普及,质量和品牌形象对满意度的影响力显著增强,价格竞争对满意度的影响力减弱,汽车企业提升满意度的重点开始转向如何提升质量和品牌形象。汽车消费市场越成熟,用户对汽车产品及服务的多样化需求越多,预期也越高。汽车企业只有通过提升满意度,加强售后服务,才能留住客户,提高市场份额。而汽车后服务正是对我国汽车行业提升品牌满意度、品牌形象和感知质量的重要内容,汽车后服务对汽车行业具有重要意义。

4.1.2　汽车后服务发展情况

汽车前与汽车后是相对于汽车销售的前后,在汽车销售后客户使用汽车的过程中,会产生关于汽车的多种服务需求。汽车后服务就是指汽车从经销商出售给客户后开始,直至该汽车报废送至回收站之前,围绕使用、保养、更换等一系列过程所需要的各项服务。简单地说,客户在整车落地后以及在使用汽车过程中所发生的与汽车有关的一切服务都属于汽车后服务。

随着我国汽车产销量的快速增长,我国的汽车保有量也在不断增长,这将会激励汽车后服务业的迅速发展。从汽车产业链可以发现,整个产业链被分为零部件、整车销售、汽车后服务三个环节,其利润占整个产业链利润的比重分别 20%、20% 和 60%,如图 4.1 所示。汽车后服务业处于服务与流通环节,被誉为"黄金产业",其高额投资回报和巨大利润空间,给汽车后服务商带来了巨大商机。

零部件　　整车销售　　　　　　　　　　　汽车后服务
　20%　　　20%　　　　　　　　　　　　　　　60%

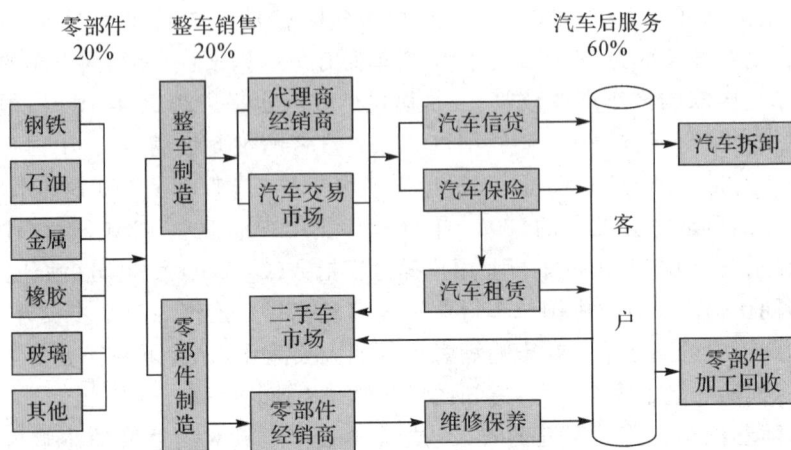

图 4.1　汽车产业链

(1)国外汽车后服务的发展情况

国外汽车后服务的产生和发展早于我国,其发展现状具有一定借鉴意义。具有代表性的是美国、日本和欧洲。汽车后服务产生于 20 世纪 20 年代的美国,是由汽车的大规模生产带动了汽车消费市场。汽车开始在普通家庭中普及,由此汽车销售量迅速增长,产生了对汽车后服务的巨大需求,在美国首先产生了汽车后服务市场。20 世纪 70 年代,世界石油危机和日本汽车的兴起,引起汽车后服务市场的巨变,汽车后服务的范围大大扩展。汽车后服务开始转向低成本经营,新型连锁店和专卖店的服务形式成为主流。汽车行业的发展促进汽车后服务的扩张,汽车后服务业逐渐成为第三产业中的支柱行业之一。表 4.1 对美国、日本和欧洲这三个主要国家和地区的汽车后服务业进行分析和比较[188-189]。

表 4.1　美国、日本和欧洲汽车后服务业的比较

国家及地区	特点	代表企业	评价
美国	美国的汽车保有量多于 2 亿辆,售后市场规模约占 3000 亿美元。售后市场以独立售后服务品牌形式为主,4S 店等非独立形式的售后市场只占全部市场的 20%	NAPA、AutoZone 和 Pepboy 等独立售后服务品牌	美国汽车市场品牌多、区域大,美国人以汽车为主要交通工具,出行范围大,对售后市场的要求是能覆盖较大的区域,同时服务兼具专业性、一致性、经济性。而 4S 店难以满足这一需求,因此形成了以独立售后服务品牌为主的美国特色的汽车售后服务模式
日本	以 4S 店为代表的非独立的售后服务市场在日本占重要地位。日本拥有约 8000 万辆的汽车保有量,规模比美国和欧洲小。日本政府要求必须到 4S 店进行大量的车检项目。在严格的车检制度下,日本的售后市场以 4S 店为主导,独立售后市场小	代表性企业为各汽车品牌的 4S 店和 AUTOBACS 等独立售后服务企业	日本汽车品牌单一,以本土品牌为主,市场密集,汽车制造商较为强势,独立汽车服务品牌发展难度大,只能以汽车用品等业务为主。4S 店占据维修等主要业务的市场
欧洲	欧洲通过反垄断法案对汽车制造企业和 4S 店限制,4S 店在欧洲不具有竞争优势。而独立汽车维修服务企业也不存在垄断的现象	有多个具有一定影响力的连锁汽车服务品牌,没有个别服务企业独大的现象,连锁品牌的规模差异性大,连锁品牌的发起人为配件销售商、汽车零部件制造商及维修企业	欧洲具有深厚的汽车文化底蕴,对汽车的认知水平高,而由于服务费用高,自己保养汽车的情况普遍,汽车服务以维修业务为主

(2)我国汽车后服务的发展情况

我国的汽车后服务的发展较晚,起源于计划经济时代的汽车维修服务。在 20 世纪 90 年代后,随着汽车市场的繁荣,汽车制造商的销售流通体系和售后服务体系形成了汽车后服务业,且汽车后服务业作为一个独立的行业

分离出来。但汽车后服务业与汽车行业仍然密不可分,汽车后服务业必将随着汽车行业的发展进一步壮大。

2010—2019 年汽车售后服务市场规模如表 4.2 所示。《汽车后服务市场前瞻与投资战略规划分析报告》显示,2019—2024 年我国汽车后服务市场的营业额预计将突破 2.5 万亿元,年复合增长率为 26.9%。与西方成熟的汽车后服务业相比,我国汽车后服务的市场还有很大的发展空间,其未来的增长速度将继续保持在 20%左右。

表 4.2　2010—2019 年汽车售后服务市场规模

年份	2010	2011	2012	2013	2014	2015	2016	2017	2018	2019
汽车售后服务市场规模/千亿元	3.0	4.0	4.9	5.0	6.6	7.6	8.8	10.7	12.9	15.0

数据来源:根据国家统计局数据整理。

从 2007 年开始,我国汽车后服务市场呈几何级增长,4S 店、汽修厂、快修店以及路边维修摊等比比皆是。但具有现代服务业管理水平、主动为车主需求考虑的汽车后服务企业仍然为数不多,特别是汽车维修价格不透明、一些网点利用信息不对称和技术屏障进行乱收费等情况较为严重,引发了消费者对汽车后服务问题投诉量逐年增加。

随着汽车后服务业的迅速发展,如何降低成本也成为汽车后服务企业的突出问题。为了进一步降低成本,汽车后服务企业开始更多地选择将服务外包。服务外包是将自身的基础性、非核心的业务剥离出来,使企业能更专注于其核心业务,充分地利用有限资源,达到降低成本、提高效率、提升企业核心竞争力目的的经济活动。在汽车后服务行业中,以 4S 店为例,其维修业务的利润率一般为 40%～50%,但其维修成本比非 4S 店的维修成本却高出 20%～30%。虽然 4S 店在品牌营销和产品质量方面具有一定的优势,但在汽车后服务行业竞争越来越激烈的环境下,想要战胜其他竞争对手,一定要降低成本。服务外包正是降低成本、节约开支的有效方法[190]。4S 店通过将维修、汽车美容、汽车改装等一些业务外包,至少能减少 25%的开支。

汽车后服务企业出现了大量业务外包,形成了汽车后服务链的专业化分工,一些基础性的、非核心业务剥离出来,由供应商、辅助企业及辅助机构来完成,而如 4S 店等集成服务企业或专门化服务企业则集中优势资源实现核心业务,从而增加核心竞争力。这些企业及机构各司其职,各有分工,这样就形成了汽车后服务的链式结构,即汽车后服务链。

4.2　服务链模型

　　服务链是在供应链的基础上发展起来的。第 4.2 节在对服务链的通用模型进行分析的基础上,与汽车后服务的具体情况相结合,构建了以集成服务企业、供应商、辅助企业、辅助机构和客户为主的服务链一般模型。

　　服务链模型分为一般模型和具体模型[191]。一般模型是抽象的、本质的,具有通用性;具体模型是在一般模型的基础上演绎而来。两者之间是抽象和具体的关系。图 4.2 为服务链一般模型,本书所构建的模型是汽车后服务链模型,属于服务链模型中的具体模型。

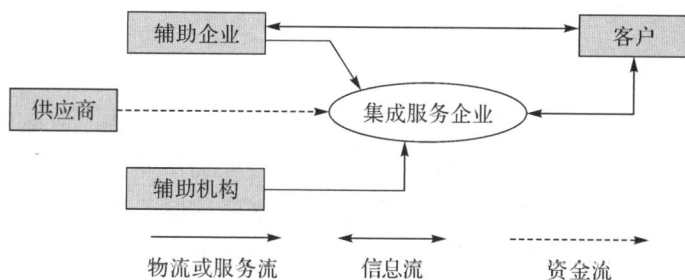

图 4.2　服务链一般模型

　　与供应链相比,服务链更短,服务链是从供应商开始到客户为止,包括集成服务企业、供应商、辅助企业、辅助机构和客户,同时涉及流程[192-195]。

(1)集成服务企业

　　集成服务企业在服务链中占据主导地位,是服务链中的关键环节,提供服务链所涉及的主要功能,并且与客户直接联系。集成服务企业掌握客户需求信息,掌握服务链的核心约束资源或技术,能够决定服务链的运行节奏,与服务链其他合作企业在物流、信息流、资金流、服务流等方面的组织协调和沟通工作,为服务链合作企业带来更多的利益,是服务链核心竞争力的体现。集成服务企业在客户需求和利润需求的共同作用下,驱动整个服务链的运行,是服务链运行的动力源。集成服务企业必须与客户交流,以客户需求最大化为目标,客户需求通过集成服务企业反向传递给辅助企业和供应商,集成服务企业根据客户需求信息对服务链资源进行整合,最终使整个服务链服务达到成本最低、效率最高,并最大化地满足客户的需求。

(2)供应商

服务链中的供应商是指向集成服务企业提供商品及相关服务的企业。服务链中处于不同生命周期阶段的供应商的影响各不相同。当服务链处于初创期时,集成服务企业在服务链中的影响力很小,供应商在服务链中起到十分重要的作用,甚至直接决定整个服务链的运作和发展,此时供应商取代集成服务企业,成为整个服务链的主导;但当服务链处于成熟阶段时,集成服务企业主导整个服务链的模式逐渐形成,此时的供应商只是为集成服务企业提供商品及相关服务,对整个服务链的影响力下降。此外,供应商可以根据其与集成服务企业的关系分成直接供应商和间接供应商,也可以根据提供的商品及相关服务划分级别。本书将供应商简单地分为一级供应商和二级供应商。

(3)辅助企业

辅助企业是为集成服务企业提供辅助服务的企业。由于服务外包的出现和迅速发展,辅助企业承担了给集成服务企业提供外包服务的工作。由于集成服务企业提供种类众多的集成服务,繁多的服务种类造成了服务的低效率,为了保证服务的高质量、低成本,集成服务企业将部分非核心业务外包,交由辅助企业来承担。辅助企业所提供的服务具有单一化和专业化的特点,这是由于辅助企业提供的服务种类少,集中于单一业务。单一化同时也带来了专业化、高质量以及低成本。在服务链中,辅助企业与集成服务企业间是合作竞争的关系。一方面,辅助企业承担了集成服务企业的外包服务,两者是合作关系;另一方面,辅助企业也可能直接为客户提供服务,与集成服务企业形成竞争关系。

(4)辅助机构

辅助机构同样也是为集成服务企业提供辅助服务的,但它与辅助企业不同。辅助企业所提供的服务与集成服务企业是同质的,两者之间可能存在竞争关系;而辅助机构所提供的是非同质的服务,与集成服务企业的服务之间为互补关系。辅助机构一般不直接面向客户,而是将服务提供给集成服务企业,再由集成服务企业面向客户。

(5)客户

整个服务链的目标最终在于使客户需求得到满足,不论服务链的哪一环节,最终都是为客户服务的。但服务链企业众多,并不是所有企业都直接面对客户,客户的需求转化为信息流,由集成服务企业反向传递给服务链其他企业,同时服务链所提供的服务信息流由集成服务企业正向传递给客户,两者之间存在信息的互相传递和交流。而服务链的其他合作企业所获得的客户需求信息,是从集成服务企业处间接得到的。

(6)流程

服务链中涉及物流或服务流、信息流和资金流等多个方面。其中物流或服务流是由供应商传向集成服务企业,再由集成服务企业传向客户;或者是由辅助企业传向集成服务企业,再由集成服务企业传向客户。物流不一定存在于所有的服务链中,图 4.2 中将物流和服务流放在一起来表示。信息流是双向的,一方面客户需求通过集成服务企业传递给服务链的其他合作企业,另一方面其他合作企业将所提供服务的信息通过集成服务企业传递给客户,信息的互相传递和交流使整个服务链达到信息的共享。资金流在图 4.2 中用虚线表示,由客户传向集成服务企业,再由集成服务企业传向供应商、辅助企业和辅助机构。

4.3　汽车后服务链模型

为研究汽车后服务链模型,以揭示汽车后服务链的整体运行机制,在服务链一般模型的基础上,第 4.3 节构建了汽车后服务链简单模型、常规模型及复杂模型,并对各种汽车后服务进行分类及汽车后服务链的特性进行分析。

汽车后服务链形成了以集成服务企业为核心,包括集成服务企业、专门化服务企业、一级供应商、二级供应商、辅助企业及辅助机构、客户等多企业及机构的一整套汽车售后产品和服务供应的服务链体系结构。在这一服务链体系中,一级供应商和二级供应商负责零部件的生产和加工,集成服务企业和专门化服务企业负责为客户提供汽车售后服务和产品,辅助企业和辅助机构为集成服务企业和专门化服务企业提供汽车后服务的外包业务[196−200]。

4.3.1　简单模型

汽车后服务链包含多种服务链模型,本书根据汽车后服务链模型的繁杂程度将其分为简单模型、常规模型和复杂模型,其中主要的一种模型是"二级供应商——一级供应商—汽车集成服务企业—客户模型",即汽车后服务链简单模型,如图 4.3 所示。图中一级供应商将部分业务外包给二级供应商,由其将汽车配件及用品提供给一级供应商。一级供应商进一步加工组装,提供给汽车集成服务企业。集成服务企业将部分业务外包给专门化服务企业、辅助企业及辅助机构。集成服务企业完成核心业务,并对外包业务进行整合,最终为客户提供一站式集成服务。

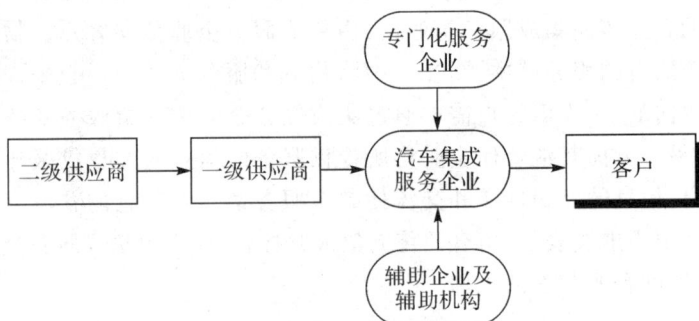

图 4.3　汽车后服务链简单模型

4.3.2　常规模型

汽车后服务链常规模型与简单模型不同,其特点在于在服务链中加入专门化服务企业,面向客户的不仅是集成服务企业,还有专门化服务企业、辅助企业及辅助机构,如图 4.4 所示。在汽车后服务链的常规模型中,还对客户进行分类,根据是否与服务企业联系分为直接客户与间接客户。直接客户一般为企业用户,他们直接接受服务企业所提供的各种服务;间接客户多为个人,他们所享受到的服务不是由服务企业所提供的,而是通过直接客户而间接享受到的。

在汽车后服务链常规模型中,主线是二级供应商——一级供应商—汽车集成服务企业—直接客户—间接客户。一级供应商在生产产品时需要原材料、半成品或零部件等,其本身并没有这些资源,这些资源由二级供应商为其提供。二级供应商只为一级供应商提供商品或服务,并不与集成服务企业联系。一级供应商将商品生产完工后,提供给集成服务企业;同时辅助企业和辅助机构会为集成服务企业提供保险等服务,保险公司为客户提供汽车保险服务,这一服务并不是直接提供给客户的,而是通过集成服务企业与其他多项服务一起提供给客户;此外,由于存在服务外包,专门化服务企业也可能为集成服务企业提供专项服务,如专项维修业务外包等。

在常规模型中,还有两个分支。一个分支是"二级供应商——级供应商—专门化服务企业—集成服务企业—直接客户—间接客户"。汽车后服务链中,专门化服务企业在整个服务链中也是十分重要的组成部分,它可以直接面向客户提供服务。专门化服务企业与集成服务企业的最大区别在于专门化服务企业只提供汽车后服务中的某一项服务,服务更具有专业性,如专营的汽车维修店等。辅助企业及辅助机构也为专门化服务企业提供保险、汽车配件等服务,这与集成服务企业是相同的。另一个分支是"辅助企业及辅助机构—直接客户—间接客户"。这一分支链的结构较为简单,辅助企业及辅助机构直接为客户提供保险等汽车相关服务。

本书主要涉及的是汽车后服务链常规模型中的主线,即以集成服务企业为服务链的主导,其他链的结构比较简单,部分内容与主线相同,因此下文中不再详细研究。

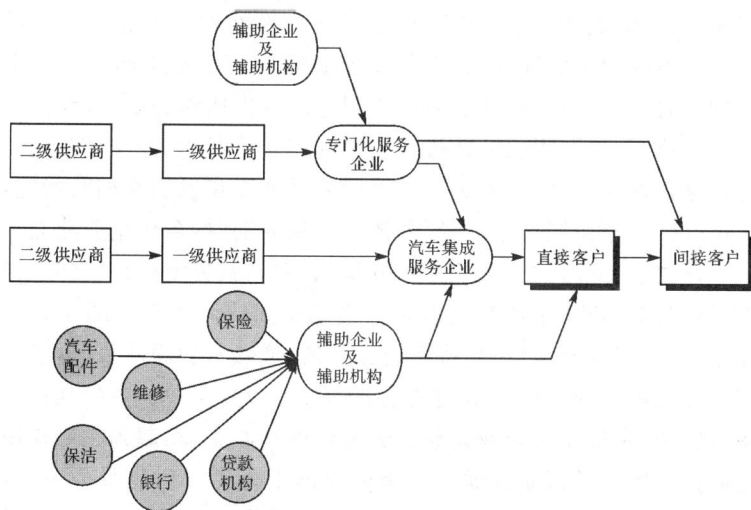

图 4.4　汽车后服务链常规模型

4.3.3　复杂模型

在汽车后服务链中,由于各合作企业互相连接,其结构复杂,构建了汽车后服务链的复杂模型。这个模型以集成服务企业、专门化服务企业、一级供应商、二级供应商、直接客户、间接客户和辅助企业及辅助机构互为合作企业,包括水平结构、垂直结构、水平位置三个维度,是从二级供应商到间接客户的复杂网络结构。

汽车后服务链的复杂模型具有以下特点:①参与的合作企业众多、差异大。在复杂模型中,一级供应商和二级供应商属于传统的汽车制造供应链企业,而集成服务企业和专门化服务企业属于专业性强的纯服务型企业,这些企业不参与汽车及相关产品的制造和流通,但是可以通过特定服务使用供应商提供的产品,创造价值。其中,集成服务企业是这一模型的核心和主导,它一方面与各级供应商和专门化服务企业联系,另一方面与直接客户和间接客户联系,将产品和服务的供给与客户的需求整合并集成于一体,这些合作企业通过网络拓扑结构有效地进行合作。②复杂模型结构高度复杂。汽车后服务链的复杂模型是一种混合拓扑网络结构。每一个节点都至少与一个节点相连,形成一个巨大的复杂网络,这一网络还包括信息网络、技术网络、物流服务网络、资金流网络等,这些网络结构有机地联系在一起,与客户网络相结合,形成了混合拓扑结构。③合作企业的协同关系。当汽车后服务链处于不同的生命周期时,合作企业之间的关系是不同的。当服务链处于初创期时,合作企业间并没有形成同盟或合作伙伴关系,合作企业间基本上不存在协同关系;当服务链进入发展和成熟阶段时,合作企业间开始形成同盟或合作伙伴关系,这种关系随着服务链的逐步发展而相对稳定,此时合作企业开始建立协同关系;当服务链进入稳固期时,合作企业建立了长期的战略合作关系,此时的协同关系十分稳固;而当服务链最终解体或被新的服务链所取代时,合作企业间又回到初创期的无协同状态。图4.5中这一复杂模型主要反映的是汽车后服务链在发展、成熟和稳固阶段时,各合作企业和客户形成的较为稳定的协同关系。④集成服务企业的主导地位。在汽车后服务链中,集成服务企业是整个服务链的核心企业,起到主导作用。二级供应商提供的产品或服务通过一级供应商汇集到专门化服务企业,而专门化服务企业将产品或服务专业化整合传递给集成服务企业,集成服务企业将汇集、整合的服务提供给直接客户,最后由直接客户传递给间接客户。

中间还存在辅助企业和辅助机构将产品或服务传递给集成服务企业的过程。这一传递过程还存在反向传递的情况,即客户需求从间接客户传递给直接客户,直接客户将客户需求汇集后传递给集成服务企业,集成服务企业

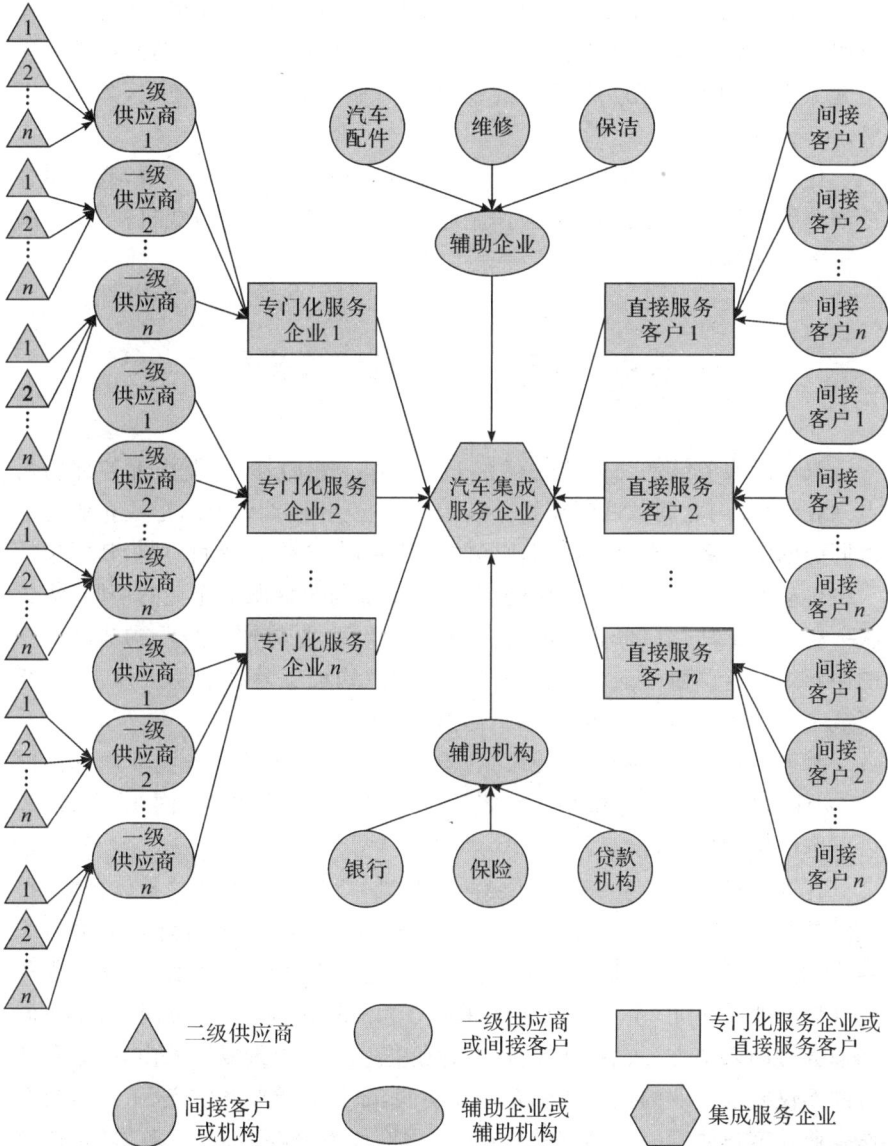

图 4.5　汽车后服务链复杂模型

根据专业化分工,将客户需求分类传递给专门化服务企业,专门化服务企业再按照需要传递给一级供应商,一级供应商进一步将客户需求分解,传递给二级供应商。这样形成信息的互相传递和共享,同时还存在物流或服务流的传递和交换,如此循环往复,使整个服务链协调一致。在这个循环中,集成服务企业既在正向的传递中起到汇集、整合的作用,又在反向的需求传递中起到关键性的作用,形成了其在汽车后服务链的主导地位,如图 4.5 所示。

这一复杂模型还可以进一步扩展,如对供应商划分更多等级,或是对客户划分更多等级,以及每一个合作企业连接更多的合作企业或机构,能够满足更大网络的需求。

4.4 汽车后服务链评价模型

汽车后服务链的协同首先存在于各合作企业内部,企业内部各部门用点来表示,部门之间的联系用线来表示,它们互相协调、合作,形成企业内部协同的网络关系。在企业内部协同的基础上,各合作企业间协同,其中包括一级供应商与二级供应商的协同、一级供应商与集成服务企业的协同、集成服务企业与专门化服务企业的协同、集成服务企业与辅助企业或辅助机构的协同等。这些协同的合作企业再加上客户构成了复杂的协同体系,最终形成了整个汽车后服务链的协同,如图 4.6 所示。

基于汽车后服务链的常规模型,本书构建了汽车后服务企业内部协同性、企业间协同性、服务链协同性等"三层一体"的评价模型,图 4.7 为汽车后服务链协同性评价模型。

在评价模型中,以企业内部协同为基础,要达到服务链的整体协同,首先应是服务链中的每个合作企业内部协同,企业内部协同性评价分为组织结构、业务关联和运行机制三个方面;在企业内部协同的基础上,达到服务链合作企业间协同,企业间协同性评价分为战略协同、组织协同、信息协同和业务协同四个方面;服务链协同性评价是"三层"中最复杂的内容,服务链协同不仅要求企业内部协同和企业间协同,而且要求服务链上、下游所有合作企业和客户协同一致,服务链协同性评价分为战略协同、业务协同、信息协同和客户维系四个方面。汽车后服务链协同性评价模型还需要进行物流

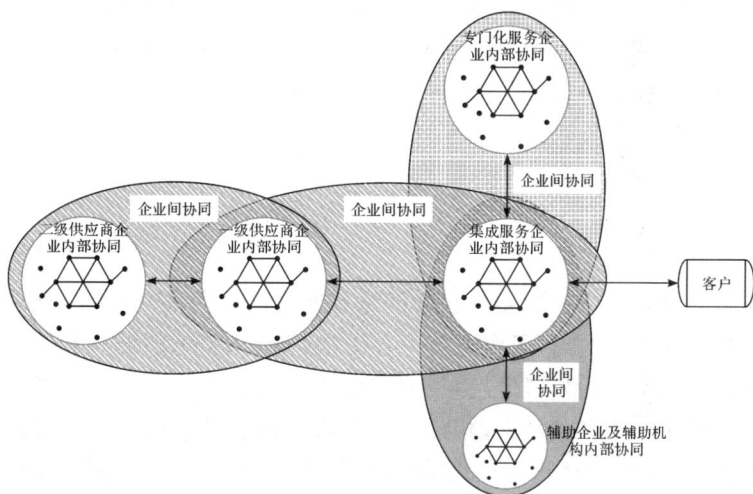

图 4.6　汽车后服务链协同关系

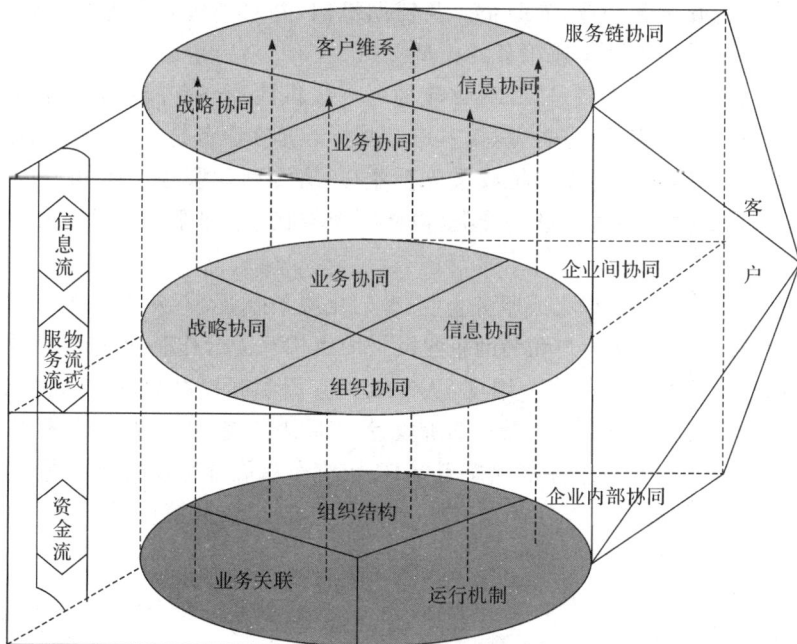

图 4.7　汽车后服务链协同性评价模型

或服务流、信息流、资金流的传递和交流。整个服务链协同性评价模型围绕着客户需求这一目标。模型中采用了多种评价指标对企业内部、企业间和服务链协同进行评价,在下文中将有详细的阐述。

4.5 本章小结

本章在汽车后服务发展现状分析的基础上,介绍了服务链一般模型,即通用抽象的模型,并分析了服务链中合作企业的地位和作用。同时,对比了国内外汽车后服务的发展情况,说明我国汽车后服务的巨大发展潜力。将服务链与汽车后服务相结合,构建汽车后服务链模型。根据汽车后服务链的复杂程度,汽车后服务链模型可分为简单模型、常规模型和复杂模型。

(1)简单模型,即"二级供应商——一级供应商—专门化服务企业—集成服务企业客户"模型,是以集成服务企业为主导,完成核心业务,将部分业务外包给专门化服务企业、辅助企业及辅助机构,并对外包业务进行整合,最终为客户提供一站式集成服务的模型。

(2)常规模型,主线是"二级供应商——一级供应商—专门化服务企业—集成服务企业—直接客户—间接客户",其特点是在服务链中加入专门化服务企业,面向客户的不仅有集成服务企业,还有专门化服务企业、辅助企业及辅助机构;而且对客户进行分类,根据是否与服务企业联系分为直接客户与间接客户。

(3)复杂模型,是以集成服务企业、专门化服务企业、一级供应商、二级供应商、直接客户、间接客户和辅助企业及辅助机构互为合作企业,包括水平结构、垂直结构、水平位置三个维度,从二级供应商到间接客户的复杂网络结构。在汽车后服务链不同生命周期阶段,汽车后服务链协同关系有所不同。

本章基于汽车后服务常规模型,构建了汽车后服务企业内部协同性、企业间协同性、服务链协同性等"三层一体"的评价模型,并探讨了三层之间的关系及其各层协同性评价的基本内容。

第5章 汽车后服务企业内部协同性评价

根据第 4 章构建的汽车后服务链"三层一体"的评价模型,第 5~7 章对企业内部协同性、企业间协同性、服务链协同性"三层"进行分析,本章主要分析汽车后服务企业内部协同性评价问题。汽车后服务企业内部协同性的质量是整个汽车后服务链协同性的基础,其协同效应也是评价汽车后服务企业内部协同性的重要指标。

汽车后服务企业内部从组织结构、业务关联和运行机制三个维度进行协同性评价,建立各维度的协同指标体系,利用协同熵对各个协同指标进行度量,并构建企业内部协同评价模型,对模型进行训练与仿真。

5.1 企业内部协同性分析

5.1.1 汽车后服务企业分类

汽车后服务包含的内容广泛,主要可以分为五大类:①汽车类服务,包括汽车维修(汽车大修、汽车小修)、汽车养护(大保养、小保养、日常保养)、汽车配件与用品(汽车影音设备、汽车电子电器、汽车安全用品、汽车户外用品、汽保设备工具)、汽车美容(汽车外部装饰和汽车内室装饰)、汽车改装(车身改装和动力改装)和洗车等;②保险金融服务,包括汽车保险(代办保险、验车、换领驾照、补领驾照、补领行驶证、代交养路费、补交养路费、理赔、审证、贷款)、汽车救援(送油、充电、送换轮胎、现场故障排除、故障拖车、现场救援指导)、汽车金融(汽车消费信贷、融资租赁、购车储蓄、汽车消费保险、信用卡、担保、汽车应收账款保付代理及汽车应收账款证券化等);③租赁交易服务,包括汽车租赁(自驾租车、代驾租车)和二手车交易(汽车二手车交易和回收)等;④汽车体验与交流,包括驾车出游、试乘试驾、车友俱乐部(包括救援服务、保险服务、车检代缴费用服务、技术咨询及俱乐部自驾、趣味讲座等)、会员制等;⑤其他服务,包括代驾、泊位、管家提醒、驾校培训等[201-207]。汽车后服务内容如图 5.1 所示。

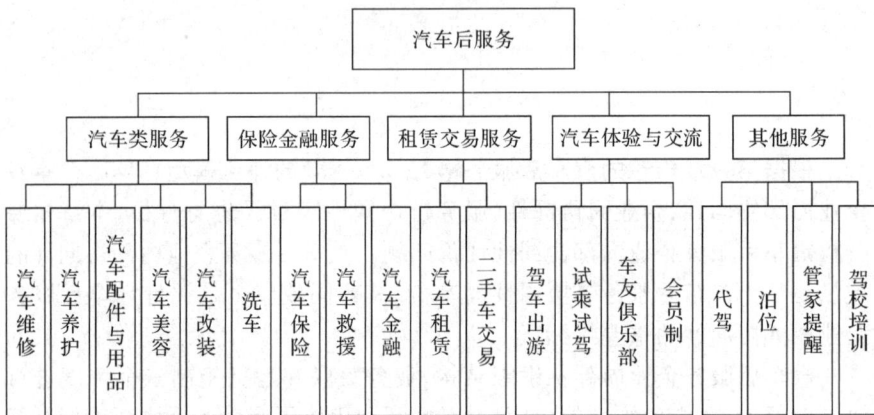

图 5.1 汽车后服务内容

由于汽车后服务企业从事不同种类的服务项目,汽车后服务企业可分为两类:一类是集成服务企业,从事多种汽车后服务项目,为车主提供多方位的综合性服务;另一类是专门化服务企业,从事汽车后服务中的单一种类服务[208-210]。

集成服务企业为汽车后服务中的核心企业,以 4S 店为主。提供的服务集维修、配件、装饰、改装等为一体。目前多数集成服务企业只经营单一品牌,与汽车制造企业关系紧密,对其影响非常大,具有统一的管理模式,其管理较专门化服务企业更为繁杂。集成服务企业涉及多种服务项目,其内部管理极为烦琐和复杂,相关业务涉及的人员、零配件和技术等众多,企业内部协同使企业的组织和流程更加完善,反应速度提升,企业的业务间、部门间和人员间的信息畅通、关系紧密、利益相连,在整体协同的条件下,形成一个具有竞争力的高效系统。

专门化服务企业所提供的服务种类单一,如汽车美容、汽车养护等服务,服务更加专业化,以优惠的价格和个性化的服务为竞争优势。专门化服务企业不针对特定的汽车品牌,一般规模较小,多为私营企业。该类企业的管理模式较为简单,企业所有者即为最高管理者,多采用直线型管理模式,也为集成服务企业提供外包服务。专门化服务企业的内部协同较集成服务企业简单。

5.1.2　企业内部协同要素分析

汽车后服务企业涉及的业务多、范围广,组织结构复杂,内部部门众多,部门间的协同性程度会影响企业整体绩效。企业内部协同是衡量企业整体效率的重要指标,对提高企业运行效率具有积极的作用。企业内部协同主要体现在三个方面:组织结构、业务关联和运行机制。

(1)组织结构

组织结构是组织在组建之初制定的最基本的结构依据,常见的组织结构有集权制及分权制、直线式及矩阵式等形式。组织在其整体目标的指导下,划分为若干不相容的子集合(即部门),部门是由自然人组成的。管理者必须对部门之间的冲突和矛盾是否存在及其严重程度有深入了解,如此才能通过管理有效地解决冲突和矛盾。加强组织内部各部门之间的协同,是有效的管理手段,可以增强部门间的理解和沟通,减少冲突和矛盾,提高组织的整体效率。本书设置管理层次和管理宽度两个指标来评价企业内部各部门间的协同性。

汽车后服务涉及的范围广、业务多,企业的组织结构尤显重要。汽车后服务企业建立科学的组织结构,才能对工作任务进行分工、分组和协调合作,有利于保障客户需求,加强客户管理与交流。汽车后服务企业应建立内部和外部分工的组织管理模式。以 4S 店为例,内部管理主要在于售后服务和行政管理两部分:售后服务部门负责维修业务,对各项作业进行总体调度,并对所需零配件按需调配;行政管理部门负责人事管理、财会管理、行政事务等内容。外部管理主要针对整车销售部门,负责销售业务和营销策略的制订,并承担购车后的一系列增值服务,如验车、保险、汽车信贷等,还对消费者相关资料信息进行记录,达到信息反馈的功能。汽车后服务企业不同的管理职能造成内外部管理的复杂性,对汽车后服务企业协同性提出了更高的要求。同时,企业组织结构的合理性也会对企业的协同产生影响。本书通过组织标准化来反映企业组织结构建设的合理化程度,标准化程度越高,组织结构越合理,协同性越好。

(2)业务关联[211]

由于汽车后服务涉及的业务多、范围广,所涉及的部门也多,如何将不同部门间的业务往来协调一致,显得尤为重要。如维修业务需要多种零配件,这些零配件由一级或二级供应商提供,如何保障各种零配件及时、准确地供应,对汽车后服务企业是一个严峻的考验。而且在买方市场的前提下,满足客户的需要是第一位的。客户对汽车服务的需求多种多样,企业为了满足客户的不同要求,需要对内部各部门间的业务进行协同。影响业务关联的因素很多,本书选择业务合作数、业务合作质量、业务频繁度和业务合作效率四个因素来反映其协同性。

(3)运行机制

企业运行机制是指企业内在机能及其运行方式,是决定企业经营行为及相互关系的总称。汽车后服务企业是一个不断投入人、财、物各种要素,产生使消费者满意的服务的系统,这个系统的动作需要各个方面的协同,来保障系统高效、有序运转。人的因素在企业的运行机制中起到关键性的作用。企业中的"人"即企业员工,包括管理者和普通员工。管理者对企业内部协同性的影响,与管理者本身的情况如学历、技能、经验等有关,用管理者素质这一评价指标来反映,而管理者决策的好坏用决策效果来反映。员工之间的影响因素主要采用激励制度、沟通方式和信息畅通度这三个指标来反映。

5.2　企业内部协同性评价指标体系

根据上文对汽车后服务企业内部协同影响因素的分析[212-215],本书将从组织结构、业务关联及运行机制三个方面对汽车后服务企业内部协同性进行评价。组织结构主要从管理层次、管理宽度、职能幅度、组织标准化等指标来进行评价;业务关联主要从业务合作数、业务合作质量、业务频繁度、业务合作效率等指标来进行评价;运行机制主要从管理者素质、决策效果、激励制度、沟通方式、信息畅通度等指标来进行评价。企业内部协同性评价指标体系如图 5.2 所示。

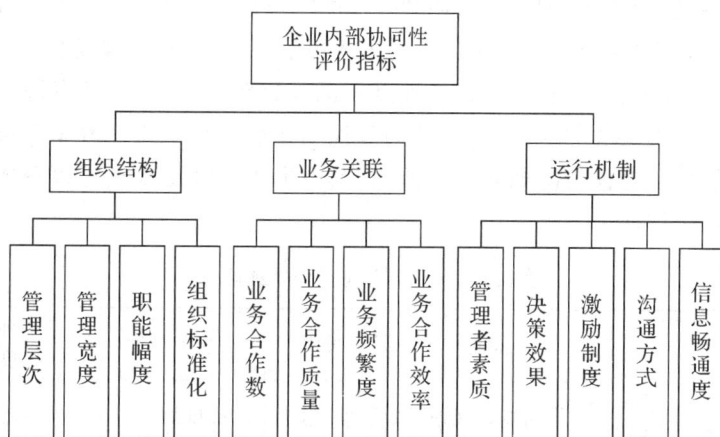

图 5.2　企业内部协同性评价指标体系

5.2.1　组织结构

　　企业管理需要有一个组织结构以保证企业日常管理的有效进行。管理层次、管理宽度是影响协同性组织结构的固有要素。任何组织都有管理层级，一般管理层次越多，需要协同的层级就越多，复杂性就越大；管理宽度越宽，需要协调的关系数就越多，协同复杂性也就越大。

　　本书在进行组织结构协同性评价时，考虑了管理层次、管理宽度、职能幅度、组织标准化四个关键因素。

(1)管理层次

　　管理层次就是组织在职位权力等级上所设置的管理级数。可以从极端的角度进行考虑，当组织规模极小时，只需要一个管理层次就可以满足企业的管理需要，即一个管理者直接管理所有下属人员的活动。当企业的规模扩大后，一个管理层次无法满足企业管理水平的要求，这时就需要在管理者下再设置低一级的管理者，出现了两个管理层次。这是由于企业规模的扩张，带来管理工作量的增加，超出原有管理者的管理能力，为了维持企业的运营，必须由其他管理者来分担责任和权利，进而使管理层次增加。当企业规模再继续扩大时，两个管理层次也无法满足企业的管理需求，从而形成了更多的管理层次。管理层次多，意味着需要更多的管理者，而管理者又需要配备相关的设施和人员技术，从而增加了成本费用。对于企业内部协同而言,管理层次的增加,加大了协调和控制的工作数量和难度。一项业务在执行过程中,信息经由多个层次由上而下或由下而上传递,会难以避免地产生扭曲、遗漏和失真,还会存在传递速度慢的问题等。同时,企业资源的流通也会由于管理层次的复杂性,使计划和控制变得更加困难。汽车后服务企业管理层次的具体情况如表 5.1 所示,其中中级管理层次还可以分成内部和外部两个层次。

表 5.1 汽车后服务企业管理层次

层次		核心问题	时间长度	信息综合度	信息不确定性程度
高级(战略层次)	第一层次	中长期战略规划	2 年及以上	高度综合	高
中级(战术层次)	内部 第二层次	内部战略实施与控制	1～2 年	综合汇总	中
	外部 第三层次	外部战略实施与控制			
低级(运行层次)	第四层次	具体执行	1 年以内	详细信息	低

因此,汽车后服务企业的管理层次一般可分为四个层次。第一层次为高级管理层次即战略管理层次,从中长期角度对企业的战略进行总体规划,时间长度一般为 2 年及以上,这一层次的管理由于时间跨度长,信息的不确定性较大,综合程度高,从企业的整体和全局来把握。第二和第三层次为中级管理层次即战术层次。第二层次为内部管理层次,涉及汽车后服务企业的内部业务管理,主要负责协调内部部门的企业资源、信息和人员的配合和控制;第三层次为外部管理层次,涉及汽车后服务企业的外部业务管理,这一层次针对企业对外的业务,主要是与客户、供应商、分销商等外部利益相关者的交流和沟通,并收集和整理相关信息,起到信息反馈的作用。中级管理层次要负责战略决策实施和控制,并在战略指导下进行短期决策,时间长度一般较短,为 1～2 年,在实施和控制的过程中对信息综合处理和汇总,为战略决策提供支持。第四层次为低级管理层次即运行层次,负责企业战略和战术的具体执行工作,时间长度为 1 年以内,提供的信息为企业详细和具体的信息,是其他管理层次的信息基础,综合性最低,甚至是没有进行任何处理的原始信息,其不确定性也最低。不同管理层次需要不同程度的协同,

高级管理层次需对战略决策进行协同,中级管理层次要对战略实施与控制进行协同,低级管理层次则从具体执行方面进行协同。汽车后服务企业的管理层次如图 5.3 所示。

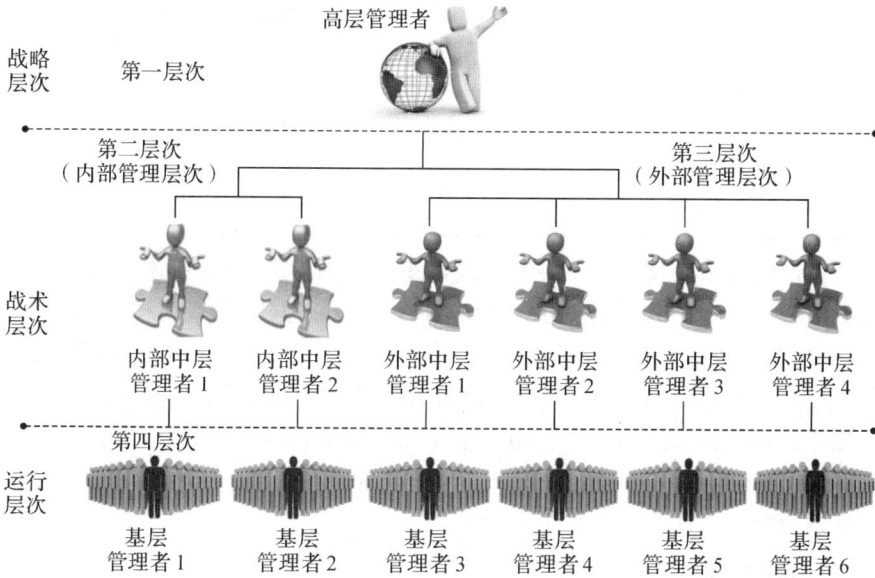

图 5.3　汽车后服务企业的管理层次

(2)管理宽度

管理宽度又称管理幅度、管理跨度,是指一个管理人员直接管理的下属人数。由于管理者精力、时间的限制,其直接管理的下属人数是有限的,当管理人数达到上限时,就需要委托下属分担其管理工作,产生上文所提到的管理层次[216]。影响组织管理宽度与管理层次的因素主要有工作能力、工作内容和性质、工作条件等。假设一个企业的员工数是固定的,其管理层次与管理宽度一般成反比:管理层次越多,其管理宽度越小;管理层次越少,其管理宽度越大。

举个例子,汽车后服务企业的管理层次分为四个层次:第一层次为战略层次,即高级管理层次,管理宽度为 6 人;第二层次和第三层次为战术层次,即中级管理层次,管理宽度为 12 人,其中第二层次为内部管理,第三层次为外部管理,第二与第三管理层次之间为平等关系,人员配比按照 1∶2 配置;

第四层次为运行层,即低级管理层次,管理宽度为 20 人。汽车后服务企业的管理层次与管理宽度示例如表 5.2 所示。

表 5.2 汽车后服务企业的管理层次与管理宽度示例

管理层次	管理宽度/人
第一层次	6
第二层次	$2 \times 12 = 24$
第三层次	$4 \times 12 = 48$
第四层次	$6 \times 12 \times 20 = 1440$

管理层次与管理宽度的关系对应组织结构的形态:管理层次多、管理宽度小的为高耸型结构;管理层次少、管理宽度大的为扁平型结构。相对来说,传统型企业的组织结构多为高耸型,而新型现代企业的组织结构多为扁平型。高耸型组织结构,侧重于管理和控制,结构比较僵硬和制度化,缺少人性化管理,效率较高;扁平型组织结构相对灵活,对环境的适应性强,强调组织成员的参与,较少制度和命令。当前企业组织结构倾向于由高耸型向扁平型发展。

(3)职能幅度

职能是对管理工作的过程和基本内容的概括,一个部门内行使功能与职能的数目称为部门的职能幅度或跨度。对于企业管理职能的划分方法有很多,最基本的分类将职能分为计划、决策、组织、领导和控制五个方面。管理职能之间并不是完全独立的,而是存在相互间的内在逻辑关系。实际的管理工作也不是完全分割开,而是融合在一起的。为了将各种管理职能更好地融合在一起,企业内部必须进行协同。一般一个部门有 1~2 个职能,职能越多、越繁杂,效率越低,协同效果越差。

(4)组织标准化

组织标准化体现了组织制度化、专业化,用部门数和职位数表示。组织制度化是组织发展和成熟的过程,是企业内部由混乱、不固定的方式向有序、固定方式的转变。制度化可以促进企业确立共同的价值观和企业文化,制定规范来约束员工行为,保障组织机构的建立和健全。工作专业化是工作岗位任务范围的宽窄程度,专业化程度越高,任务范围越窄,但效率会相应提高,增加了企业的经济效益。组织标准化可以使个体与企业之间缩小差异,趋于同一标准,使个体向组织目标靠拢。组织标准化越完善,协同效果越好。

5.2.2　业务关联

在汽车后服务企业的多种业务中,协同合作的业务占多数,这些业务的关联关系是企业内部协同中的重要影响因素。本书将从业务合作数、业务合作质量、业务频繁度、业务合作效率四个方面对业务关联这一影响因素进行深入的研究。

(1)业务合作数

业务合作数是指企业内部合作的总体数量。在企业内部,部门越多,业务处理越复杂,涉及的部门就越多。部门间业务合作数量多表明其往来频繁,对于部门间的协同度需更加重视。业务合作数用来评估部门间的协调程度,而部门间是否合作、合作是否顺畅对企业整体目标的实现非常关键。在汽车后服务企业中,业务合作数量反映了部门之间联系的密切程度,业务合作数量越多,企业内部协同程度越高。

(2)业务合作质量

企业内部的协同性不仅体现在内部业务合作的数量上,还反映在业务合作的质量上。业务合作质量是汽车后服务企业内部各项业务之间的合作效果,反映业务合作的好坏程度。合作双方在合作完成后要判断是否达到当初预期的效果,即 1+1 的结果是否大于 2。这一结果越大,说明双方合作完成业务的效果越好,即业务合作质量越好。相反的,1+1 的结果小于2,说明双方在业务合作中产生内耗,导致业务合作质量较差。

(3)业务频繁度

业务频繁度体现了在一定时期内业务合作的数量水平,与业务合作数共同反映了企业内部的协同程度。在协同管理中,应对业务往来频繁的部门间的协同性重点管理,而不对业务往来少的部门重点管理。在汽车后服务企业中,业务合作涉及的部门和人员的数量较多时,业务的复杂性使部门间的业务往来频繁,如果业务衔接失利,就会导致企业整体效率低下。所以各部门的经理层需要在管理过程中重视部门间业务来往的频繁程度。业务频繁度越高,企业内部协同性越好。

(4)业务合作效率

业务合作效率是由团队合作展现出来的。团队合作的好坏影响团队整体业务的效率即业务合作效率。业务合作效率是速度方面的指标,即单位时间内的合作次数,如双方业务合作效率越高,业务合作越顺畅,越容易迅速地达成相关业务的合作事宜。合作双方对业务的认识、操作的熟练程度、目标一致性以及相应的默契程度等,都会影响业务合作效率。业务合作效率越高,企业内部协同性越好。

5.2.3 运行机制

运行机制同样在企业内部协同中起到了重要的作用。运行机制在企业系统中调节、控制各生产要素的正常运转,涉及企业计划、决策、组织、领导和控制等管理活动的全过程,协调企业内部各生产要素和管理活动是企业内部协同的关键性问题之一。本书从管理者素质、决策效果、激励制度、沟通方式和信息畅通度五个方面对运行机制在企业内部协同中的作用与影响进行研究。

(1)管理者素质

管理者对于企业是至关重要的影响因素,管理者对企业的影响体现在其自身的知识素养、业务素质、管理方式和领导能力等方面,管理者对企业内部的协同性起到关键性的作用。由于企业组织结构的划分,各部门都具有其不同的目标,出于部门利益的考虑,各部门选择各自的工作方法,而这些方法受到管理者的管理方式、领导能力等管理者素质的影响,可能会使部门之间产生内部冲突。内部冲突使企业成本增加和效率降低。管理者素质可能造成内部的冲突和矛盾,影响了企业内部的协同性。本书用管理者是否具有本科学历和中级以上专业技术职称来表示管理者素质。

(2)决策效果

企业的决策机制有其运动和变化的规律,这一规律受到决策系统要素的影响,各要素之间的关系和各自的内在机能,决定了决策最终的有效程度。企业决策机制在企业的各机制中起到主导作用,设计并贯穿于其他的企业机制。决策效果是企业决策机制最终结果的反映,决策效果的好坏是决策机制是否有效的判别标准。

(3)激励制度

激励制度的设置会使失败者有所失而胜利者有所得。如果失败者的所失即是胜利者的所得,那么对失败的恐惧将使人们在组织内部进行竞争,但这种竞争会演变成负面的争斗,引起冲突和矛盾,对组织内部协同不利。在设置激励制度时,可以改变策略,参与就会得到奖励,而表现得越好获得的奖励越多,就可能在组织内部形成合作和协同。汽车后服务企业的激励机制一般采用项目提成制,如保险等。奖励形式为"红线制度","红线制度"是为企业员工设置行为的底线,一般不对员工进行惩罚,但员工若违反行为底线,轻者留用察看,重者直接开除。本书用激励机制执行奖惩数目表示激励制度这一评价指标。

(4)沟通方式

沟通方式是企业内部成员建立和保持联系、获取信息、维系关系的渠道。沟通方式是否合适直接影响信息沟通的顺畅度。沟通方式一般分为正式沟通和非正式沟通两种类型。常见的正式沟通网络形式有链式、环式、轮式、Y式、全通道式五种方式,如图 5.4 所示,这是美国心理学家莱维特通过实验得出来的。非正式沟通网络形式有串式、密集式、饶舌式及随机式四种方式,如图 5.5 所示。组织的沟通由层次和环节构成了不同形式的网络,层次与环节过多,将引起信息的消耗与损失,复杂性也增大。

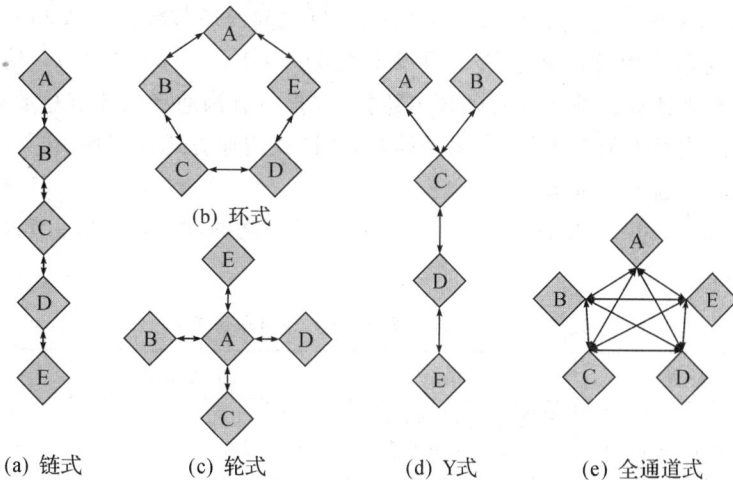

(a) 链式　(b) 环式　(c) 轮式　(d) Y式　(e) 全通道式

图 5.4　正式沟通网络形式

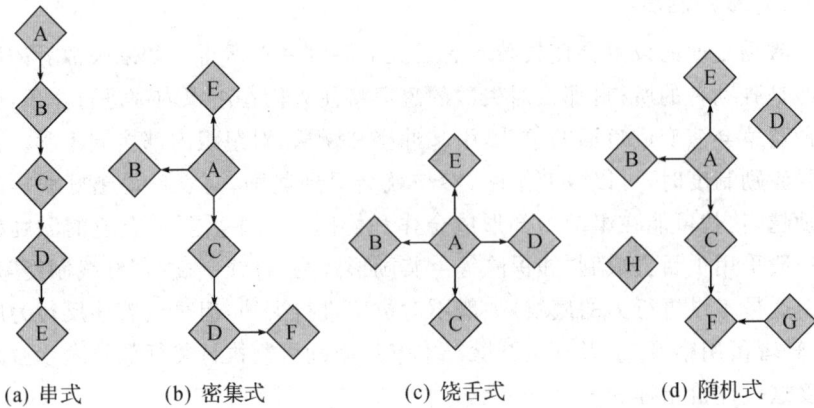

(a) 串式　　(b) 密集式　　　(c) 饶舌式　　　(d) 随机式

图 5.5　非正式沟通网络形式

本书通过计算不同沟通方式的环节数,对其进行量化,从而评价其对企业内部协同性的影响。直接进行信息传递的沟通者之间设定其环节数为0,间隔一人传递信息的沟通者之间设定其环节数为1,以此类推。由于正式沟通网络是企业内部通过正式沟通渠道建立起来的联系,在企业沟通中发挥主要作用,因此本书只分析和计算正式沟通网络形式的环节数。正式沟通方式中一般都设定有 5 名沟通者,本书也以 5 名为一个群体进行研究。具体环节数的计算以链式沟通方式中的沟通者 A 为例。A 与 B 之间的环节数为 0,A 与 C 之间的环节数为 1,A 与 D 之间的环节数为 2,A 与 E 之间的环节数为 3,由此沟通者 A 的环节总数为 $0+1+2+3=6$(个)。使用相同的方法来计算其他沟通者的环节总数,并把所有沟通者的环节总数求和,然后除以沟通者的总人数,求出平均数,即链式沟通方式环节数。

链式沟通方式环节数 $=[(0+1+2+3)+(1+2)+(1+1)+(1+2)+(0+1+2+3)]/5=20/5=4$(个)。正式沟通网络的优、缺点和环节数如表5.3 所示。

表 5.3　正式沟通网络的优、缺点和环节数

类型	优点	缺点	环节数/个
链式	信息传递及时性好,效率高	需逐层传递,信息容易失真,沟通范围狭小,不易形成群体共同意见	$[(0+1+2+3)+(1+2)+(1+1)+(1+2)+(0+1+2+3)]/5=20/5=4$

类型	优点	缺点	环节数/个
环式	沟通者地位平等、民主,能充分参与,可以调动积极性	沟通速度慢,准确性差,信息分散、不集中	$[(1+1)+(1+1)+(1+1)+(1+1)+(1+1)]/5=2$
轮式	信息集中,传递速度快,准确性好	控制性强,沟通渠道少,平行沟通不足	$(0+3+3+3+3)/5=2.4$
Y式	信息较集中,组织控制比较严格	缺少横向沟通,不能越级沟通,信息易失真	$[(1+1+2)+(1+1+2)+1+(1+1)+(1+2+2)]/5=3.2$
全通道式	沟通渠道多,合作气氛浓,有利于解决复杂问题	高度分散,易造成混乱,耗时长,效率低	0

(5)信息畅通度

汽车后服务企业运用多种内部软件,如用料系统、接单系统、客户管理系统等,并存在各种关系,此时沟通与交流可以保障信息畅通,使各种关系达到和谐。如果缺乏必要的沟通与交流,则会造成工作上的误解和不愉快,最终会影响企业的整体气氛和全体员工的工作态度。信息畅通有利于保证汽车后服务企业协同,保证决策者和员工的工作积极性。信息畅通度受通道长度影响,通道越长,越不容易沟通,协同性难度越大。

5.3　企业内部协同性评价度量及评价模型

5.3.1　协同性评价度量

5.3.1.1　企业组织结构协同性度量

汽车后服务企业经过一段时间运营后,其管理层次、管理宽度、职能幅度和组织标准化相对就固定下来,它们也是影响企业组织结构的固有协同性因素。管理层次越多,协同性要求则越多;管理宽度、职能幅度越多,上级需要协调的关系数越多,协同性越复杂;组织标准化程度越高,其需要协调的关系越少,协同复杂性越小。

(1)管理层次

$f_i^{n_1}$ 表示第 i 管理层次,n 表示组织结构总的管理层数,则管理层次的协同熵 C_{n_1} 为

$$C_{n_1} = -\sum_{i=1}^{n} \frac{f_i^{n_1}}{n} \log \frac{f_i^{n_1}}{n} \tag{5.1}$$

(2)管理宽度

$f_i^{n_2}$ 表示第 i 管理层的管理人数,$f^{n_2} = \sum_{i=1}^{n} f_i^{n_2}$ $(i=1,2,\cdots,n)$ 表示所有管理层次的管理人数,管理宽度的协同熵 C_{n_2} 为

$$C_{n_2} = -\sum_{i=1}^{n} \frac{f_i^{n_2}}{f^{n_2}} \log \frac{f_i^{n_2}}{f^{n_2}} \tag{5.2}$$

式中,n 为管理层数。

(3)职能幅度

$f_i^{n_3}$ 表示第 i 个部门的管理职能数,$f^{n_3} = \sum_{i=1}^{m} f_i^{n_3}$ $(i=1,2,\cdots,m)$ 表示所有部门的管理职能总数,职能幅度的协同熵 C_{n_3} 为

$$C_{n_3} = -\sum_{i=1}^{m} \frac{f_i^{n_3}}{f^{n_3}} \log \frac{f_i^{n_3}}{f^{n_3}} \tag{5.3}$$

式中,m 为部门数。

(4)组织标准化

组织标准化,即汽车后服务企业组织制度化、专业化、正规化程度,本书采用职位数来表示。$f_i^{n_4}$ 表示第 i 个部门的职位数,$f^{n_4} = \sum_{i=1}^{m} f_i^{n_4}$ $(i=1,2,\cdots,m)$ 表示所有部门的职位总数,组织标准化的协同熵 C_{n_4} 为

$$C_{n_4} = -\sum_{i=1}^{m} \frac{f_i^{n_4}}{f^{n_4}} \log \frac{f_i^{n_4}}{f^{n_4}} \tag{5.4}$$

式中,m 为部门数。

5.3.1.2 企业业务关联协同性度量

本书采用汽车后服务企业部门间业务合作数、业务合作质量、业务频繁

度和业务合作效率四个指标为汽车后服务企业业务关联的协同性指标,前两个指标体现了汽车后服务企业部门间在业务方面被施加的协同过程和结果,后两个指标体现了业务关联方面的协同过程。

(1)业务合作数

$f_{ij}^{n_5}$ 表示第 i 个部门与第 j 个部门的业务合作次数,$f_i^{n_5} = \sum\limits_{j=1}^{m} f_{ij}^{n_5}$ ($j = 1, 2, \cdots, m$) 表示第 i 个部门与所有部门的合作总次数;当 $i = j$ 时,$f_{ij}^{n_5}$ 即为部门自身业务合作数,该指标计算部门间的业务合作次数,故 $f_{ii}^{n_5} = 0$($i = 1, 2, \cdots, m$);业务合作数的协同熵 C_{n_5} 为

$$C_{n_5} = -\sum_{i=1}^{m} \sum_{j=1}^{m} \frac{f_{ij}^{n_5}}{f_i^{n_5}} \log \frac{f_{ij}^{n_5}}{f_i^{n_5}} \tag{5.5}$$

式中,m 为部门数。

(2)业务合作质量

由于汽车后服务企业部门间经常产生业务协作活动,部门之间会产生协同关系和协同效应。业务合作质量(C_{n_6})的协同影响力矩阵 $\varepsilon = [T_i, T_j]_{m \times m} = (A_{ij}^{n_6})_{m \times m}$。

$$\varepsilon = \begin{bmatrix} A_{11}^{n_6} & A_{12}^{n_6} & \cdots & A_{1j}^{n_6} & \cdots & A_{1m}^{n_6} \\ A_{21}^{n_6} & A_{22}^{n_6} & \cdots & A_{2j}^{n_6} & \cdots & A_{2m}^{n_6} \\ \vdots & \vdots & & \vdots & & \vdots \\ A_{i1}^{n_6} & A_{i2}^{n_6} & \cdots & A_{ij}^{n_6} & \cdots & A_{im}^{n_6} \\ \vdots & \vdots & & \vdots & & \vdots \\ A_{m1}^{n_6} & A_{m2}^{n_6} & \cdots & A_{mj}^{n_6} & \cdots & A_{mn}^{n_6} \end{bmatrix} \tag{5.6}$$

$$A_{ij}^{n_6} = \begin{cases} 1 & \text{部门 } T_i \text{ 与部门 } T_j \text{ 业务合作质量良好且处于协同状态} \\ 0 & \text{否则} \end{cases} \quad (i \neq j) \tag{5.7}$$

$A_{ij}^{n_6}$ 或 $A_{ji}^{n_6}$ 表示第 i 个部门与第 j 个部门业务合作质量良好且处于协同状态,可知 $A_{ij}^{n_6} = A_{ji}^{n_6}$,因此 $A_{ij}^{n_6}$ 为对称矩阵。当 $T_i = T_j$ 时,$A_{ii}^{n_6}$ 即为第 i 个部门自身业务合作质量;由于公司组织结构设计就是要求业务基层部门内部业务采用团队合作,因此 $A_{ii}^{n_6}$ 为 1,即视同于内部协同。

设 $Y_i^{n_6}$ 为部门 T_i 与其他部门业务合作质量良好且处于协同状态的部门数,$Y_i^{n_6} = \sum\limits_{j=1}^{m} A_{ij}^{n_6}$,$m$ 为部门数,那么决定该部门内的协同轨迹上的节点

的协同熵为

$$C_{n_6}(T_i) = -\frac{Y_i^{n_6}}{m}\log\frac{Y_i^{n_6}}{m} \tag{5.8}$$

业务合作质量的协同熵 C_{n_6} 为

$$C_{n_6} = -\sum_{i=1}^{m}\frac{Y_i^{n_6}}{m}\log\frac{Y_i^{n_6}}{m} \tag{5.9}$$

（3）业务频繁度

$f_{ij}^{n_7}$ 表示第 i 个部门与第 j 个部门每月平均合作的业务数，$f_i^{n_7} = \sum_{j=1}^{m}f_{ij}^{n_7}(j=1,2,\cdots,m)$ 表示第 i 个部门与所有部门的每月平均合作的业务总数；当 $i=j$ 时，$f_{ij}^{n_7}$ 即为部门自身业务频繁度，该指标计算部门间的业务频繁度，故 $f_{ii}^{n_7}=0(i=1,2,\cdots,m)$；业务频繁度的协同熵 C_{n_7} 为

$$C_{n_7} = -\sum_{i=1}^{m}\sum_{j=1}^{m}\frac{f_{ij}^{n_7}}{f_i^{n_7}}\log\frac{f_{ij}^{n_7}}{f_i^{n_7}} \tag{5.10}$$

式中，m 为部门数。

（4）业务合作效率

由于汽车后服务企业部门间经常产生业务协作活动，部门之间会产生协同关系和协同效应。业务合作效率（C_{n_8}）的协同影响力矩阵 $\varepsilon = [T_i,T_j]_{m\times m} = (A_{ij}^{n_8})_{m\times m}$。

$$\varepsilon = \begin{bmatrix} A_{11}^{n_8} & A_{12}^{n_8} & \cdots & A_{1j}^{n_8} & \cdots & A_{1m}^{n_8} \\ A_{21}^{n_8} & A_{22}^{n_8} & \cdots & A_{2j}^{n_8} & \cdots & A_{2m}^{n_8} \\ \vdots & \vdots & & \vdots & & \vdots \\ A_{i1}^{n_8} & A_{i2}^{n_8} & \cdots & A_{ij}^{n_8} & \cdots & A_{im}^{n_8} \\ \vdots & \vdots & & \vdots & & \vdots \\ A_{m1}^{n_8} & A_{m2}^{n_8} & \cdots & A_{mj}^{n_8} & \cdots & A_{mn}^{n_8} \end{bmatrix} \tag{5.11}$$

$$A_{ij}^{n_8} = \begin{cases} 1 & \text{部门 }T_i\text{ 与部门 }T_j\text{ 业务合作效率良好且处于协同状态} \\ 0 & \text{否则} \end{cases} \quad (i \neq j) \tag{5.12}$$

$A_{ij}^{n_8}$ 或 $A_{ji}^{n_8}$ 表示第 i 个部门与第 j 个部门业务合作效率良好且处于协同状态，可知 $A_{ij}^{n_8}=A_{ji}^{n_8}$，因此 $A_{ij}^{n_8}$ 为对称矩阵。当 $T_i=T_j$ 时，$A_{ij}^{n_8}$ 即为第 i 个部门自身业务合作效率；由于公司组织结构设计就是要求业务基层部门内部业务采用团队合作，因此 $A_{ii}^{n_8}$ 为1，即视同于内部协同。

设 $Y_i^{n_8}$ 为部门 T_i 与其他部门业务合作效率良好且处于协同状态的部门数，$Y_i^{n_8} = \sum_{j=1}^{m} A_{ij}^{n_8}$，$m$ 为部门数，那么决定该部门内的协同轨迹上的节点的协同熵为

$$C_{n_8}(T_i) = -\frac{Y_i^{n_8}}{m} \log \frac{Y_i^{n_8}}{m} \qquad (5.13)$$

业务合作效率的协同熵 C_{n_8} 为

$$C_{n_8} = -\sum_{i=1}^{m} \frac{Y_i^{n_8}}{m} \log \frac{Y_i^{n_8}}{m} \qquad (5.14)$$

5.3.1.3　企业运行机制协同性度量

（1）管理者素质

$f_i^{n_9}$ 表示第 i 管理层次中具有本科以上学历且具有中级以上技术职称的管理者人数，f^{n_9} 表示所有管理层次的管理者人数；管理者素质的协同熵 C_{n_9} 为

$$C_{n_9} = -\sum_{i=1}^{n} \frac{f_i^{n_9}}{f^{n_9}} \log \frac{f_i^{n_9}}{f^{n_9}} \qquad (5.15)$$

式中，n 为管理层数。

（2）决策效果

$f_i^{n_{10}}$ 表示第 i 个部门做出比较理想的决策数，$f^{n_{10}} = \sum_{i=1}^{m} f_i^{n_{10}}$（$i = 1,2,\cdots,m$）表示所有部门做出比较理想的决策总数，决策效果的协同熵 $C_{n_{10}}$ 为

$$C_{n_{10}} = -\sum_{i=1}^{m} \frac{f_i^{n_{10}}}{f^{n_{10}}} \log \frac{f_i^{n_{10}}}{f^{n_{10}}} \qquad (5.18)$$

式中，m 为部门数。

（3）激励制度

$f_i^{n_{11}}$ 表示第 i 个部门执行的激励制度条数，$f^{n_{11}} = \sum_{i=1}^{m} f_i^{n_{11}}$（$i = 1,2,\cdots,m$）表示公司的激励制度总条数；激励制度的协同熵 $C_{n_{11}}$ 为

$$C_{n_{11}} = -\sum_{i=1}^{m} \frac{f_i^{n_{11}}}{f^{n_{11}}} \log \frac{f_i^{n_{11}}}{f^{n_{11}}} \qquad (5.16)$$

式中，m 为部门数。

(4)沟通方式

$f_i^{n_{12}}$ 表示第 i 个部门所采用沟通方式的环节数，$f^{n_{12}} = \sum_{i=1}^{m} f_i^{n_{12}}$（$i=1$，$2,\cdots,m$）表示所有部门所采用沟通方式的环节总数，沟通方式的协同熵 $C_{n_{12}}$ 为

$$C_{n_{12}} = -\sum_{i=1}^{m} \frac{f_i^{n_{12}}}{f^{n_{12}}} \log \frac{f_i^{n_{12}}}{f^{n_{12}}} \tag{5.17}$$

式中，m 为部门数。

(5)信息畅通度

汽车后服务企业部门间经常进行各项业务协助，部门间必然产生信息共享及信息交流的协同交互影响，从而会产生部门之间的协同关系和协同效应。部门间信息畅通度（$C_{n_{13}}$）的协同影响力矩阵 $\varepsilon = [T_i, T_j]_{m \times m} = (A_{ij}^{n_{13}})_{m \times m}$。

$$\varepsilon = \begin{bmatrix} A_{11}^{n_{13}} & A_{12}^{n_{13}} & \cdots & A_{1j}^{n_{13}} & \cdots & A_{1m}^{n_{13}} \\ A_{21}^{n_{13}} & A_{22}^{n_{13}} & \cdots & A_{2j}^{n_{13}} & \cdots & A_{2m}^{n_{13}} \\ \vdots & \vdots & & \vdots & & \vdots \\ A_{i1}^{n_{13}} & A_{i2}^{n_{13}} & \cdots & A_{ii}^{n_{13}} & \cdots & A_{im}^{n_{13}} \\ \vdots & \vdots & & \vdots & & \vdots \\ A_{m1}^{n_{13}} & A_{m2}^{n_{13}} & \cdots & A_{mj}^{n_{13}} & \cdots & A_{mm}^{n_{13}} \end{bmatrix} \tag{5.19}$$

$$A_{ij}^{n_{13}} = \begin{cases} 1 & \text{部门 } T_i \text{ 与部门 } T_j \text{ 信息畅通且处于协同状态} \\ 0 & \text{否则} \end{cases} \quad (i \neq j) \tag{5.20}$$

$A_{ij}^{n_{13}}$ 或 $A_{ji}^{n_{13}}$ 表示第 i 个部门与第 j 个部门信息共享成功且处于畅通状态，可知 $A_{ij}^{n_{13}} = A_{ji}^{n_{13}}$，因此部门间信息畅通度协同影响力矩阵 $A_{ij}^{n_{13}}$ 为对称矩阵。当 $T_i = T_j$ 时，$A_{ij}^{n_{13}}$ 即是矩阵对角线 $A_{ii}^{n_{13}}$，即第 i 个部门自身信息畅通；由于公司组织结构设计就是要求业务基层部门内部业务保持充分的信息共享及信息畅通，因此 $A_{ii}^{n_{13}}$ 为 1，即视同于内部协同。

设 $Y_i^{n_{13}}$ 为部门 T_i 与其他部门的信息畅通协同数，$Y_i^{n_{13}} = \sum_{j=1}^{m} A_{ij}^{n_{13}}$，$m$ 为部门数，那么决定该部门的信息畅通度的协同熵为

$$C_{n_{13}}(T_i) = -\frac{Y_i^{n_{13}}}{m} \log \frac{Y_i^{n_{13}}}{m} \tag{5.21}$$

信息畅通度的协同熵 $C_{n_{13}}$ 为

$$C_{n_{13}} = -\sum_{i=1}^{m} \frac{Y_i^{n_{13}}}{m} \log \frac{Y_i^{n_{13}}}{m} \qquad (5.22)$$

5.3.2　企业内部协同评价模型

为对汽车后服务企业内部进行协同性评价,参照第 4 章的评价方法,需要设计 BP 神经网络模型,并确定适合汽车后服务企业协同性训练及仿真的核心参数。

(1)输入节点的确定

根据第 5.2 节所建立的指标体系,管理层次、管理跨度、职能幅度、组织标准化等 13 个评价指标可以作为 BP 神经网络的输入节点,分别用 n_i 表示。

(2)输出节点的确定

输出节点数定为 1,即汽车后服务企业内部协同性评价结果。

(3)隐含层节点的确定

根据公式(3.28)～(3.30),隐含层节点数分别为

$$n_1 = \sqrt{n+m} + a = \sqrt{13+1} + a \approx 3.74 + a，a 为 1～10 的整数 (5.23)$$

$$n_1 = \frac{3\sqrt{nm}}{2} = \frac{3\sqrt{13 \times 1}}{2} \approx 5.41 \qquad (5.24)$$

$$n_1 = \log_2 13 \approx 3.70 \qquad (5.25)$$

根据计算结果,隐含层节点数设置为 $n_1 \in [4,14]$,n_1 为整数,对汽车后服务企业内部协同性评价训练样本进行测试,本模型隐含层节点数选择为 12,以 H_i 表示。

5.4　企业内部协同性训练与仿真

本书对一汽轿车、标致、丰田、宝马、福特、江铃、奥迪、大众等多个汽车品牌的 4S 店和华阳、思源、禾迪、锦云、康润等多个服务品牌的综合性服务企业共 18 家汽车后服务企业调研。根据对 18 家汽车后服务企业的调研结果和所构建的企业内部协同性评价指标体系,采用公式(5.1)～(5.22)对这 18 个训练样本进行协同性评价度量,其数据如表 5.4 所示。

表 5.4　训练样本企业内部协同熵数据

指标	样本								
	B_1	B_2	B_3	B_4	B_5	B_6	B_7	B_8	B_9
n_1	0.3947	0.3947	0.3947	0.2764	0.3947	0.3947	0.5096	0.2764	0.3947
n_2	0.4734	0.5775	0.5168	0.2513	0.3474	0.3289	0.6019	0.4069	0.3280
n_3	0.5268	0.5745	0.6536	0.6965	0.6568	0.6965	0.5622	0.6778	0.5934
n_4	0.4612	0.5775	0.5646	0.5775	0.4455	0.4645	0.5145	0.6705	0.5487
n_5	1.7242	1.8189	2.8514	2.5813	3.0103	3.0103	1.5117	1.5236	1.8390
n_6	0.1874	0.1874	0.5544	0.2882	0.4432	0.4432	0.3748	0.4432	0.3748
n_7	1.7242	1.8189	2.8514	2.5813	3.0103	3.0103	1.5117	1.5236	1.8390
n_8	0.0000	0.3379	0.5544	0.3101	0.3101	0.4213	0.3379	0.3101	0.1874
n_9	0.2764	0.5737	0.4581	0.3578	0.3993	0.4388	0.6523	0.4581	0.5257
n_{10}	0.4515	0.6021	0.6362	0.4686	0.3503	0.6393	0.5828	0.6114	0.4686
n_{11}	0.2966	0.2992	0.5883	0.6837	0.4609	0.2873	0.2966	0.5871	0.5819
n_{12}	0.5737	0.5829	0.6990	0.4151	0.5156	0.6901	0.4990	0.6504	0.4721
n_{13}	0.0000	0.1874	0.4432	0.4432	0.3101	0.4432	0.4884	0.4213	0.3379
评价结果	0.456	0.350	0.110	0.271	0.192	0.155	0.353	0.370	0.373

指标	样本								
	B_{10}	B_{11}	B_{12}	B_{13}	B_{14}	B_{15}	B_{16}	B_{17}	B_{18}
n_1	0.2764	0.2764	0.3947	0.5096	0.3947	0.3947	0.3947	0.3947	0.3947
n_2	0.2348	0.4607	0.5737	0.3972	0.0000	0.5545	0.3561	0.5703	0.5573
n_3	0.6917	0.5786	0.5934	0.5745	0.6021	0.5683	0.6906	0.6891	0.6963
n_4	0.6794	0.5720	0.5934	0.5201	0.5697	0.5391	0.5547	0.5155	0.6346
n_5	2.6613	1.5196	1.7555	1.6201	1.6682	1.7869	2.5125	2.6984	2.3280
n_6	0.2882	0.1874	0.1874	0.3379	0.1874	0.3748	0.4213	0.2882	0.1551
n_7	2.6613	1.5196	1.7555	1.6201	1.6682	1.7869	2.5125	2.6984	2.3280
n_8	0.3101	0.1874	0.3379	0.1874	0.4515	0.4884	0.4432	0.3101	0.4213
n_9	0.3649	0.4515	0.5775	0.6273	0.0000	0.5683	0.5388	0.5965	0.3750

续　表

指标	样本								
	B_{10}	B_{11}	B_{12}	B_{13}	B_{14}	B_{15}	B_{16}	B_{17}	B_{18}
n_{10}	0.6470	0.4102	0.4581	0.5675	0.4494	0.5828	0.6462	0.4472	0.6766
n_{11}	0.4746	0.4573	0.4729	0.5938	0.6008	0.2873	0.4573	0.5819	0.4573
n_{12}	0.6622	0.5792	0.4392	0.5679	0.4255	0.5442	0.6526	0.6021	0.6232
n_{13}	0.1551	0.3748	0.4316	0.3748	0.4316	0.3748	0.2882	0.4213	0.2882
评价结果	0.260	0.438	0.351	0.374	0.462	0.321	0.218	0.183	0.248

汽车后服务企业内部协同性评价运用 Matlab 中的 Mapminmax（归一化）命令，使得输入数据都处在[−1,1]，所得结果如表 5.5 所示。

表 5.5　训练样本企业内部协同熵标准化数据

指标	样本								
	B_1	B_2	B_3	B_4	B_5	B_6	B_7	B_8	B_9
n_1	0.0147	0.0147	0.0147	−1.0000	0.0147	0.0147	1.0000	−1.0000	0.0147
n_2	0.5731	0.9189	0.7173	−0.1651	0.1545	0.0928	1.0000	0.3521	0.0898
n_3	−1.0000	−0.4372	0.4952	1.0000	0.5328	1.0000	−0.5826	0.7801	−0.2146
n_4	−0.8660	0.1285	0.0189	0.1285	−1.0000	−0.8374	−0.4098	0.9236	−0.1175
n_5	−0.7164	−0.5900	0.7879	0.4275	1.0000	1.0000	−1.0000	−0.9841	−0.5632
n_6	−0.8380	−0.8380	1.0000	−0.3333	0.4433	0.4433	0.1007	0.4433	0.1007
n_7	−0.7164	−0.5900	0.7879	0.4275	1.0000	1.0000	−1.0000	−0.9841	−0.5632
n_8	−1.0000	0.2191	1.0000	0.1188	0.1188	0.5198	0.2191	0.1188	−0.3239
n_9	−0.1524	0.7590	0.4048	0.0972	0.2243	0.3454	1.0000	0.4048	0.6120
指标	样本								
	B_{10}	B_{11}	B_{12}	B_{13}	B_{14}	B_{15}	B_{16}	B_{17}	B_{18}
n_{10}	−0.3793	0.5431	0.7521	−0.2748	−1.0000	0.7717	0.4250	0.6002	−0.2748
n_{11}	−0.9532	−0.9399	0.5190	1.0000	−0.1242	−1.0000	−0.9532	0.5126	0.4867
n_{12}	0.1172	0.1822	1.0000	−1.0000	−0.2914	0.9376	−0.4084	0.6577	−0.5981

续　表

指标	样本								
	B_{10}	B_{11}	B_{12}	B_{13}	B_{14}	B_{15}	B_{16}	B_{17}	B_{18}
n_{13}	−1.0000	−0.2326	0.8149	0.8149	0.2698	0.8149	1.0000	0.7250	0.3837
n_1	−1.0000	−1.0000	0.0147	1.0000	0.0147	0.0147	0.0147	0.0147	0.0147
n_2	−0.2199	0.5310	0.9062	0.3199	−1.0000	0.8425	0.1834	0.8950	0.8518
n_3	0.9438	−0.3896	−0.2146	−0.4372	−0.1129	−0.5106	0.9314	0.9135	0.9982
n_4	1.0000	0.0814	0.2650	−0.3620	0.0618	−0.1998	−0.0660	−0.4017	0.6166
n_5	0.5343	−0.9895	−0.6746	−0.8553	−0.7912	−0.6327	0.3357	0.5837	0.0894
n_6	−0.3333	−0.8380	−0.8380	−0.0841	−0.8380	0.1007	0.3333	−0.3333	−1.0000
n_7	0.5343	−0.9895	−0.6746	−0.8553	−0.7912	−0.6327	0.3357	0.5837	0.0894
n_8	0.1188	−0.3239	0.2191	−0.3239	0.6290	0.7621	0.5990	0.1188	0.5198
n_9	0.1188	0.3845	0.7706	0.9234	−1.0000	0.7426	0.6522	0.8289	0.1500
n_{10}	0.8187	−0.6325	−0.3388	0.3312	−0.3924	0.4250	0.8135	−0.4061	1.0000
n_{11}	−0.0549	−0.1424	−0.0635	0.5467	0.5818	−1.0000	−0.1424	0.4867	−0.1424
n_{12}	0.7408	0.1565	−0.8296	0.0764	−0.9265	−0.0903	0.6730	0.3173	0.4664
n_{13}	−0.3651	0.5348	0.7674	0.5348	0.7674	0.5348	0.1799	0.7250	0.1799

　　对汽车后服务企业内部协同性进行 BP 神经网络训练。将 $B_1 \sim B_{12}$ 作为训练样本，$B_{13} \sim B_{18}$ 作为测试样本，将这 18 组样本数据导入 Matlab 中相关的程序里面进行训练学习，训练过程如图 5.6 所示，进行 17 次训练学习后，训练效果如图 5.7 所示。训练的误差在第 11 次训练中达到最好，误差控制在 0.01，达到训练目标，训练误差变化如图 5.8 所示。通过网络对样本进行训练，可以得到网络训练预测输出及期望输出对比，如图 5.9 所示。基于协同熵的汽车后服务企业内部协同性 BP 人工神经网络评价模型已经建成，可以进行测试使用。

Neural Network

Input　Layer　Layer　Output

W　b　+　W　W　b　+

Algorithms

Training: Levenberg-Marquardt (trainlm)
Performance: Sum Squared Error (sse)
Data Division: Random (dividerand)

Progress

Epoch:	0	17 iterations	10000
Time:		0:00:00	
Performance:	75.8	0.492	1.00e-06
Gradient:	1.00	0.0726	1.00e-10
Mu:	0.00100	0.000100	1.00e+10
Validation Checks:	0	6	6

Plots

Performance (plotperform)

Training State (plottrainstate)

Regression (plotregression)

Plot Interval: |————————————————| 1 epochs

✔ **Opening Training State Plot**

● Stop Training　● Cancel

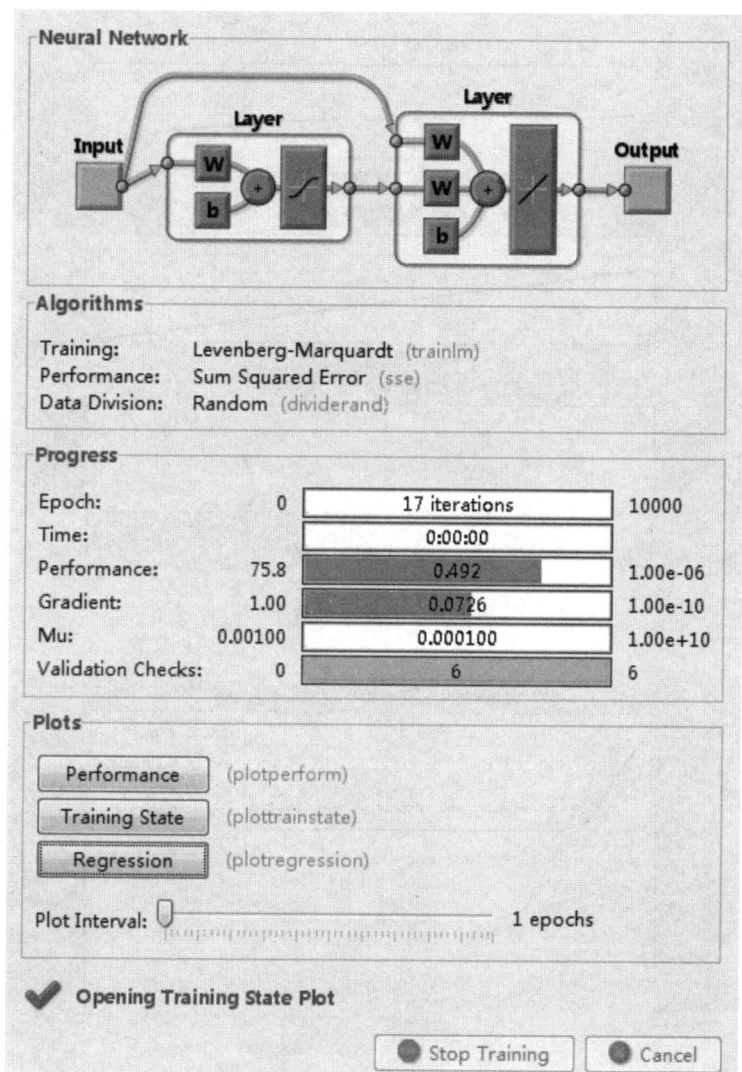

图 5.6　BP 网络训练过程

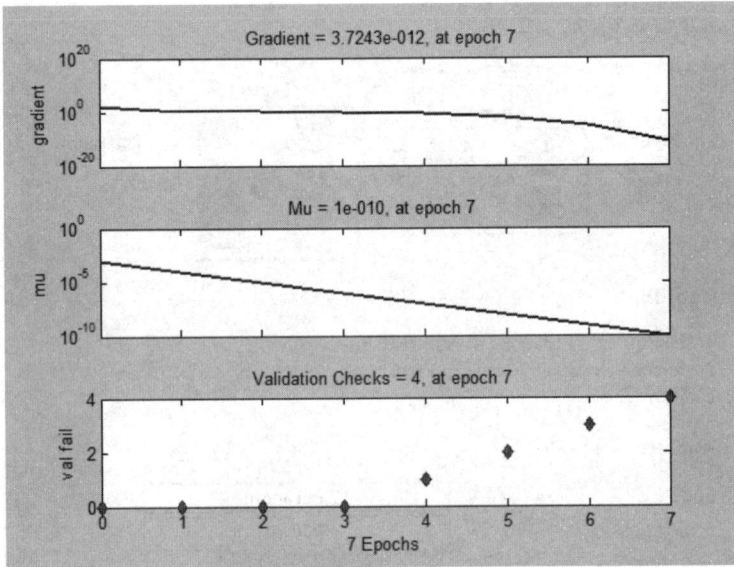

图 5.7　网络训练效果

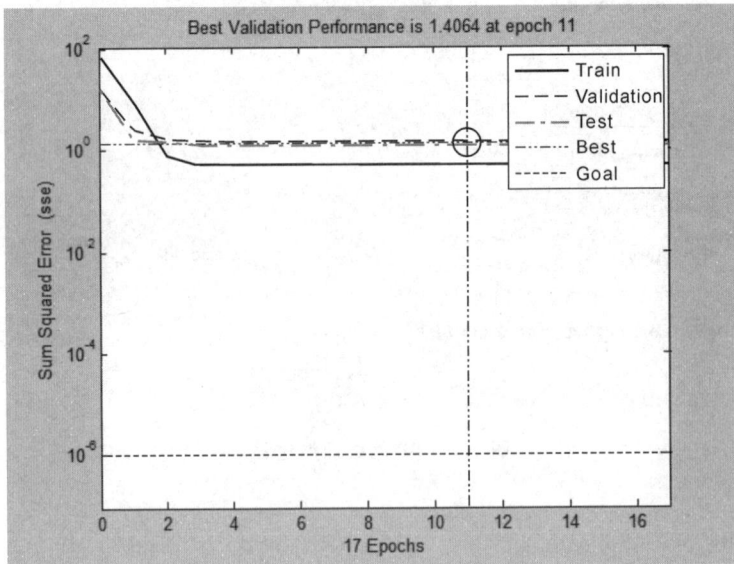

图 5.8　训练误差变化

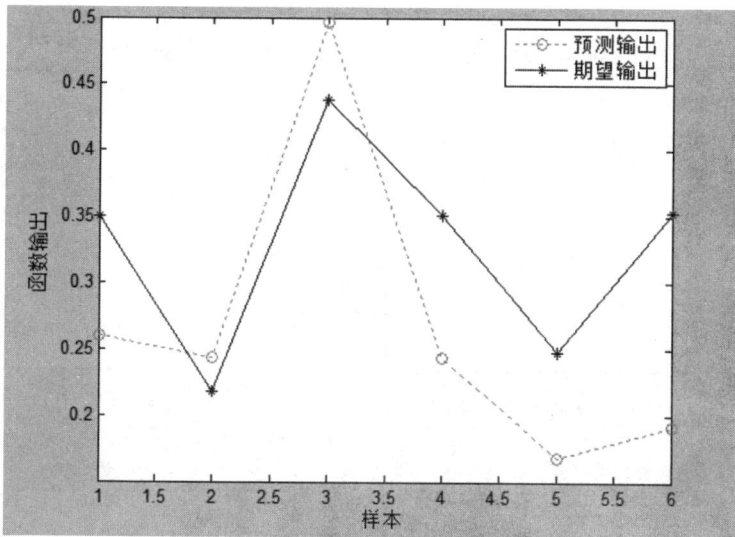

图 5.9 网络训练预测输出及期望输出对比

为了验证网络训练的精度与准确度,对该 BP 网络模型进行测试,经过网络训练的测试,比较网络输出结果与实际结果,可以得出网络预测值及误差,如表 5.6 所示。预测误差较小,基本满足实际应用要求。

表 5.6 预测误差

样本	网络预测值	期望值	误差
B_{13}	0.3530	0.374	−0.021
B_{14}	0.4496	0.462	−0.0124
B_{15}	0.2942	0.321	−0.02676
B_{16}	0.2470	0.218	0.029
B_{17}	0.1395	0.183	−0.04347
B_{18}	0.2470	0.248	−0.001

通过对 BP 网络模型的训练及测试,总体有效值达到 90% 以上,BP 网络的训练、验证、测试、总体误差曲线如图 5.10 所示。

仿真模拟结果表明,利用所建 BP 网络模型得出的汽车后服务企业内部协同性评价结果与我们的期望值偏差小,达到期望精度。因此,用协同熵

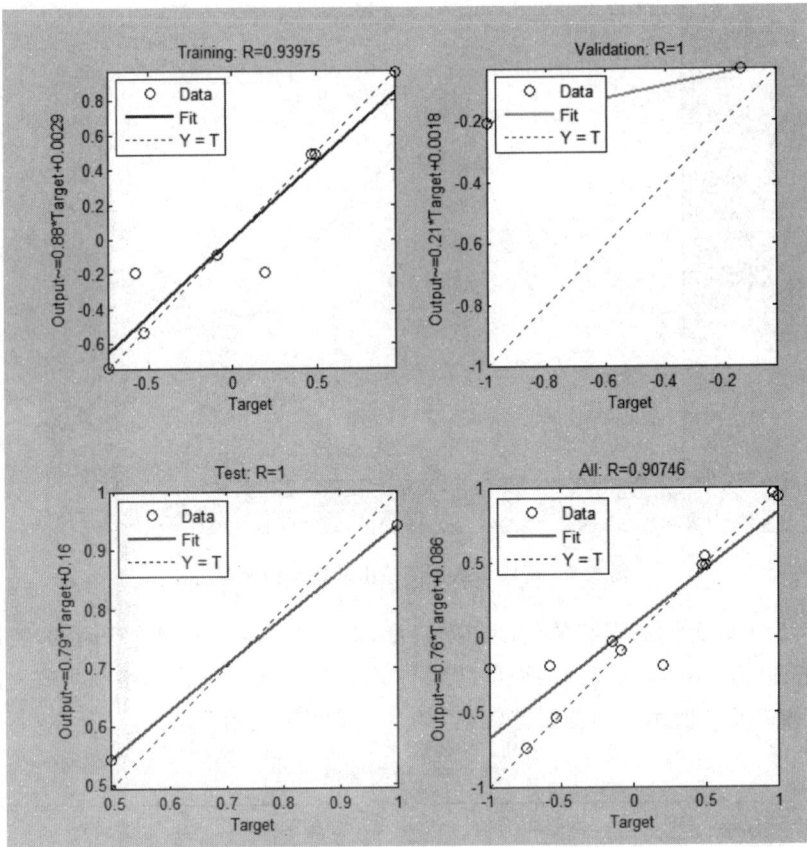

图 5.10　BP 网络的训练、验证、测试、总体误差曲线

对企业内部评价指标进行度量,并采用 BP 人工神经网络模型进行协同性的自适应、自学习评价,达到了比较好的协同性评价效果,具有较好的可行性。

5.5　本章小结

本章主要建立了汽车后服务企业内部协同性评价指标体系,并采用第 4 章的评价方法对其进行了评价,具体内容有以下三个方面。

(1)对汽车后服务企业的种类及企业内部协同性要素进行了分析;并从

业务关联、组织结构及运行机制三个方面构建了具有 13 个具体指标的评价指标体系,为汽车后服务企业内部协同性进行科学评价奠定了基础。

(2)在对 18 家汽车后服务企业进行调研的基础上,采用协同熵函数对评价指标进行协同性度量,并将 13 个指标的协同熵值作为输入值,进行 BP 神经网络训练及仿真;18 个样本数据中,12 个作为训练样本,6 个作为测试样本,经过 17 次训练学习后,汽车后服务企业内部协同性评价结果与期望值偏差小,达到期望精度;构建的汽车后服务企业内部协同性评价模型及评价方法达到了比较好的评价效果,具有较好的应用价值。

(3)随着企业科学化管理的不断深入,企业各部门的分工越来越明确,导致企业各部门日常的沟通和协作越来越频繁,其内部协同性评价可以判断出企业内部哪些环节存在协同性问题,哪些指标协同度不高,以此来帮助企业解决内部的协同性问题,增加企业的整体绩效。

第6章 汽车后服务链企业间协同性评价

企业间协同性属于"三层一体"模型中的第二层,企业之间的关系类型复杂繁多。汽车后服务企业之间的关系指汽车集成服务企业与专门化服务企业、一级供应商、二级供应商、辅助机构和辅助企业之间的关系,其中以汽车集成服务企业为核心,具有代表性的是汽车集成服务企业与其他合作企业之间的关系。本章主要研究这两者之间的协同性评价,汽车后服务企业间关系如图 6.1 所示。

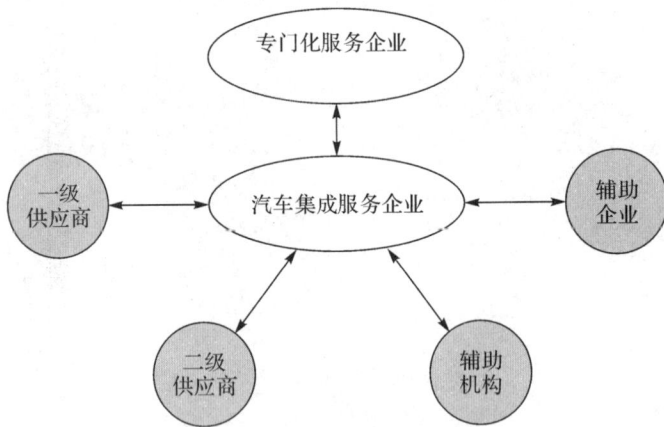

图 6.1 汽车后服务企业间关系

6.1　企业间协同性分析

企业作为市场中的一个利益主体,不是独立存在的,而是与其他企业和组织互相作用存在于市场中。在汽车后服务链中,协同也存在于合作企业间。汽车后服务链企业间协同的基础是企业内部协同。在内部协同的基础上,本书进一步研究汽车后服务链合作企业之间的协同性,只有达到了合作企业内部和合作企业之间两方面的协同,才能更好地分析汽车后服务链的整体协同性问题,整个服务链才能高效、并行和流畅地运作,达到服务链协同的最终目的[217-223]。

6.1.1　合作企业关系分析

在汽车后服务链中,集成服务企业、专门化服务企业与一级供应商、二级供应商、辅助企业、辅助机构以及客户之间形成了一个巨大、复杂的关系网。集成服务企业在这一关系网中起到了关键性的作用,在分析汽车后服务链中的企业之间的关系时,集成服务企业是整个服务链的核心企业。集成服务企业与其他企业间的关系是研究汽车后服务链企业间协同的重点,其中最重要的企业间关系是集成服务企业与一级供应商之间的关系。本书中的汽车后服务链企业间协同主要针对集成服务企业和一级供应商两者之间的关系进行分析,并对其关系进行分类。

(1)专供专需型

集成服务企业与一级供应商在需求和供应方面是一对一的,即集成服务企业只购买特定供应商提供的产品,而供应商的产品也只供给特定集成服务企业。两者之间会签署长期合同,成为战略合作伙伴[224]。

这种类型的企业间关系是两家企业实力相当,两者合作共同主导企业间的协同管理。两家企业实力相当,不存在占主导地位的企业,两者之间的合作关系建立在共同利益上。但在协同过程中,两家企业出于自身利益的最大化,都不愿意进行信息共享。信息共享的缺失使得信息不及时、不对称,影响企业间协同的各个方面。该类关系的主要问题在于如何使集成服务企业和一级供应商两家企业协调一致。

该类企业间协同关系是最稳定的一种协同关系。协同企业在谈判和合作的过程中不断磨合，使双方最终达到双赢的效果，在此基础上建立的企业间关系会更具有长期稳定性。而且协同所带来的利益促使双方进一步加强合作与协同。但也是由于同样的原因，双方如果利益不一致，信息不共享，分散决策，则更容易产生企业间冲突，谈判等相关成本会直线上升。

（2）一对多供求型

一对多供求型关系中，集成服务企业的特定产品只从一家供应商处购入，或供应商的特定产品只供应给某一集成服务企业，即供应方或需求方必须有一方是专供或专需，而另外一方为多方供应或多元需求，如图 6.2 所示。

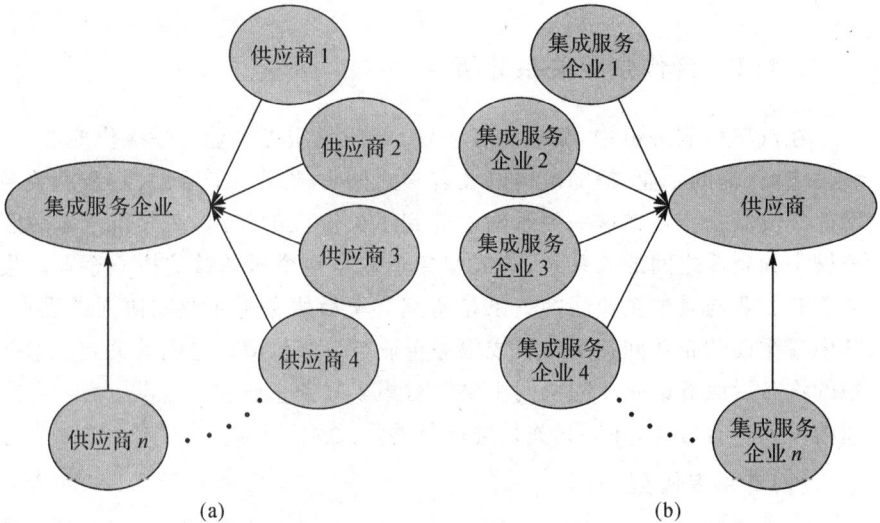

图 6.2　一对多供求型关系

这一关系类型是以核心企业为中心构建的，该核心企业需要在整个服务链中处于主导地位，能通过对服务链资源的控制，制定标准以控制其他企业，使其为之所用。这一核心企业可以是集成服务企业，也可以是供应商。由于核心企业的绝对优势地位，这类企业间关系更像是企业间的依附关系，企业间签订长期合同，其关系是长期稳定的，核心企业直接影响其他企业的业务流程和利益分配。此时，企业间协同是以核心企业为主导的，信息也集中于核心企业。同时，核心企业通过制定产品价格、原材料价格等方式，成为利益最大化的一方。而其他企业处于附属地位,相比于核心企业只能获得较少的利益,但是这种企业间的关系使其收益变得相对长期稳定,并已在一定程度上降低相关市场交易的成本,还是可以获得高于单独企业的经济收益。

(3)合作伙伴型

合作伙伴关系是以互相信任为基础建立的长期协同关系,合作伙伴间共享利益和优势资源,共同决策,并对外界产生共同影响。合作伙伴型关系又细分为以下两种类型:

① 契约型

契约型合作伙伴关系是指汽车后服务中合作企业之间的联系与合作需要建立一个行为准则,用以规范成员间的行为,一般采用合同等有法律效力的行为,这样形成企业之间的契约协同。

由于企业间契约存在,企业间关系还是长期稳定的。但这种企业间关系的稳定性差,企业间保持的合作关系较为松散,合作的一方有可能为了谋求更多的利益,而与其他企业建立新的合作关系。由于长期关系的稳定性差,契约并不能完全、有效地分配利益,规范企业行为。所以建立企业间行为的准则规范,才能更好地保证契约有效和企业间关系稳定。

② 非契约型

非契约型的企业间关系是一种更为松散的合作伙伴关系。这类关系中企业间没有契约的强制约束,而是在双方交易过程中,由于交易的经常性,形成了一种习惯,也会出现口头性的约定,"老顾客""回头客"就属于这种情况。没有强制的约束,即使双方不再交易,也不会产生太大的损失。但同样的,在这种无约束的合作关系下,企业间也很难建立协同合作,双方的信任程度低,信息共享的难度大。利益对合作关系的影响很大,对利益分配不满意很容易造成合作关系破裂。

(4)市场竞争型

集成服务企业和供应商之间没有预先签订合同,当有供给或需求时,双方在产品市场按交易规则来买卖。买卖行为是随机的,没有固定的买方或卖方。两家企业间的关系是简单的、无长期合同的市场买卖关系,基本上没有办法进行企业间协同。

企业间关系的发展路径是由市场竞争型开始的,两家企业首先是在随机的市场竞争中选择了对方,产生了第一次交易。在交易的过程中,双方都感到满意,又产生了第二、第三次等后续交易,出现了非契约型的合作伙伴关系。接下来,企业间的关系进一步升级,双方签订契约对交易行为进行规范,便形成了契约型的合作伙伴关系。企业间再加强联系,形成战略合作伙伴关系,即专供专需型或一对多型的企业间关系。企业间的协同程度也是随着企业间关系的加强而加强的,由无到有,从低到高。

汽车后服务链的企业间关系是复杂多变的,这是由汽车后服务链合作企业分布广泛决定的。而且,企业的规模、资源以及其在汽车后服务链中的不同地位,都会影响企业间关系。企业间的不同关系类型对汽车后服务链企业间协同性产生重要影响。

6.1.2 企业间协同要素分析

协同不仅存在于企业内部各部门之间,也同样存在于不同的企业之间。企业内部部门协同由于利益最终归结于一个相同的主体,协同相对容易,而企业间协同要更加困难。企业间协同会涉及多个利益主体,由此产生了大量的利益冲突和矛盾,变得更为复杂。企业间协同性有很多的影响因素,本书主要从战略协同、组织协同、信息协同和业务协同四个方面来分析。

(1)战略协同

战略是企业的长期计划和整体规划,战略目标是全局性、长远性的,对企业的生存和发展起到至关重要的作用。战略协同就是不同企业主体在共同利益的驱动下,在企业之间进行资源、信息、技术等的沟通和交流,从而使企业间形成联盟,最终获得合作公司整体业绩的提升。战略协同是企业协同机制的必要条件。企业间的协同不是混乱、随意的,而是建立在企业间信任和合作的基础上,企业间协同需要有总的指导思想和方向。而战略协同正是企业间高层管理人员通过沟通,在企业间的战略目标上达成一致,帮助企业间建立长期、稳固的合作关系。

(2)组织协同

组织协同着眼于提高企业之间的协同效应和竞争优势,采取了一系列的组织行为,通过特定的法律或制度来实现各个组织间的协调和合作,最终实现各个企业的整体利益。由于不同的企业有不同的企业文化和管理风格,在相互合作的过程中会有一些组织和管理冲突,而这些冲突必然会影响企业间的协同关系。企业之间通过聚集资源以及信息技术的影响,来协调企业之间的关系结构的发展变化。企业间组织协同是一种常见的资源协同效应,是企业之间资源有效利用的重要保证。

汽车后服务链企业的组织协同是在各企业服务链战略的影响下,协调服务链的结构、环境及管理功能,以提高汽车后服务链的整体竞争力。企业间的协同是服务链协同的基础。虽然企业之间的关系是动态的,不是静态的,但企业间的协同在一段时间内可以保持相对的稳定,这是在不同的组织结构和环境下所具有的稳定性。企业彼此之间理解和支持,最终形成相互补充、相互依存的关系,它有利于加强企业间的协同,也有利于提高合作企业的整体利益。

(3)信息协同

信息协同是在汽车服务链管理取得成功的一个关键因素。汽车后服务链企业之间应该有高质量的信息传递和共享,确保客户需求信息在传输的过程中不失真,汽车服务链中牛鞭效应、代理和欺诈问题具有一个有效的解决方案。在汽车后服务链的协同管理系统中,以集成服务企业为核心,建立良好的信息共享机制和信息共享平台,而其他公司则必须符合核心企业的信息战略,构建适当的信息机制和信息平台,建立企业间的协同系统,实现真正的信息共享,提高整体绩效,促进企业间建立长期稳定的合作伙伴关系。

(4)业务协同

业务协同就是汽车服务连锁企业之间的业务流程整合,使各个方面的对接操作更加紧密,更有效地利用资源,快速响应客户需求和市场机会。业务协同需要不同企业的部门之间进行配合,部门之间要做好沟通,在互相理解的基础上,共同完成一项业务。业务配合越好,企业间协同性越好,合作企业的整体经济效益越高。如果业务配合不顺利,就会出现违约的现象,严重影响企业间关系。企业间关系的恶化,将造成企业间协同性下降。违约次数越多,企业间协同性越差。

6.2 企业间协同性评价指标体系

6.2.1 战略协同

企业间的战略协同是企业在制订与执行战略的过程中，达成一致，保持合作，其目的在于通过协同行为，提高整体的竞争优势，从而发挥最大的效用。企业间的战略协同包括目标一致、产品供应、共同决策、利益分配和相互持股。

(1)目标一致

企业间的协同中，多个企业主体相互作用，寻求协同效应。在协同的过程中，多个企业主体需要对生产要素进行整合和配置，以期能够形成一个若干要素相互关联的、具有特定功能的有机整体。在这个整体中，企业出于对共同利益的追求，而达成了目标一致。为了共同的目标而整合在一起的企业可以将资源有效配置，在竞争中拥有优势。整合后的资源不仅是个体企业资源的简单加总，而是会出现 $1+1>2$ 的效果，使企业在激烈的竞争和剧烈变化的外部环境中加大生存的可能性，形成强大的企业联盟。企业间的目标一致性属于定性问题，其一致性程度由专家打分得出。企业间目标一致性程度越高，企业间协同性越好。

(2)产品供应

在汽车后服务链中，为客户所提供的最终产品不是由集成服务企业独立生产出来的，而是其与供应商等其他服务链合作企业共同完成的。汽车后服务企业所提供的产品与客户之间的关系紧密，集成服务企业等需要将市场和客户的信息及时、准确地反馈给供应商，这样才能使产品更加与需求相匹配。集成服务企业提供的产品要与客户需求相一致，供应商等服务链合作企业提供的产品要与集成服务企业的需求相一致。产品供应协同要求能够快速响应市场变化，对信息共享的要求较高，实现跨部门、跨企业的信息共享，是产品供应协同中的一个关键因素。

(3)共同决策

汽车服务链企业间协同在不断深化的过程中,合作企业通过共同决策和信息共享,将原材料供应的成品和半成品进行生产、销售,形成一个有机的整体,实现流通与生产的相互促进关系。共同经营可以有效降低总体库存水平,提高企业的运营效率。企业决策包括预测、规划、整合、协调、优化等组合决策过程。在信息共享、协同规划的基础上协同资源,进行适当的跨企业集成与协调,实现资源的优化组合。

(4)利益分配

在企业间协同中,企业虽然追求协同后的整体利益,但是每个企业都希望能得到更多的自身利益,不惜减少其他协同企业的利益。这种利己行为会导致企业间协同关系破裂,其结果必然是每个企业的利益都减少了。为了解决这一利己行为产生的不良后果,汽车后服务链企业间需要进行公平、合理的利益分配,使后服务链企业都感到满意。企业如果片面地追求个体利益最大化,只会获得短期利益,这种行为很可能会遭到其他企业的报复,从而损害其长期利益。这一利益损失远超过一次利己行为所带来的收益,而且会为企业带来很多无形的损失,如信誉受损、企业间合作关系紧张等。企业间在经过多次博弈后,逐渐形成了一套合理的利益分配机制,在此基础上建立的企业间协同是长期、稳定的。

(5)相互持股

相互持股也称交叉持股,是企业间互相持有对方的股份。企业间的相互持股是为了形成以股份为纽带的战略联盟,为企业获取管理上的战略利益。相互持股会使持股企业之间形成利益共同体,同时借助相互持股可以有效实现企业间技术、资源、市场等方面的业务协作和整合。在同行业上下游企业相互持股,形成采购原材料保障、质量安全等方面的产业链协同效应,有利于企业间加强信任,建立长期稳定的合作关系。

6.2.2　组织协同

企业组织是保证企业正常运转的基本构成要素,企业中的各个组成部门正常运转,才能保证企业正常运转。企业的生产经营并不是独立的,必须要各协同企业的各个组成部门相互配合和协作。企业间协同是企业组织机构在资源和责任方面的相互依存关系,形成有力的跨机构整合机制,有利于企业间协同性水平的提高。企业间的组织协同包括员工沟通、协调量、沟通规范化和协调机构设置。

(1)员工沟通

一个组织的沟通效果决定了组织管理效率。在企业间协同过程中,如果能做好员工沟通,对促进战略目标的实施会起到积极的作用。畅通、有效的员工沟通,有利于共享信息和提高工作效率,使协同企业共同的决策和目标更好地被员工理解和执行,增强员工的参与度和责任心。由于企业间的员工分属于不同的经济主体,在协同过程中的沟通难度大。但员工沟通顺畅才能减轻企业间的摩擦、化解矛盾、避免冲突,发挥企业的最佳效能。

(2)协调量

有效的部门间协调机制是维持协同企业长期合作的基础。在经营管理的过程中,协同企业会更多考虑各自企业或部门的利益,而不是协同企业的共同利益最大化。不同企业部门间协调是为了实现协同企业各方的预期目标,充分的信息交流、合理的利益分配和风险共担,将多个不同主体的资源、业务等整合在一起。企业间协同业务的复杂性,要求不同企业部门间紧密配合。企业间业务上的分工合作、信息共享、行为配合,明显地增加了对协调的需求。组织间协调机制的建立和完善,能使企业间更好地协同。

(3)沟通规范化

企业间沟通是企业间协调的必要因素之一。沟通的方式种类繁多,高效率的沟通需要有相关的制度来规范。规范化的沟通可以节约管理者的时间,提高交流效率,降低交流成本。没有充分有效的沟通,企业间没有做到信息的共享和交流,无法达成一致,互相之间不能埋解。有效的沟通必须要规范化,只有规范化才能实现企业间关系的融洽。企业应把高效、科学的沟通技巧和方法作为管理人员的具体管理行为准则确定下来,让每个协同企业的管理人员来遵守执行。这有助于企业间业务及时、高质量完成,从而保证企业间协同工作顺利进行。

(4)协调机构设置

企业之间不仅建立协调机制和沟通规范,还设置专门的机构进行协调。在企业间的协同过程中,涉及的业务、人员等众多,每个企业的组织管理方式、思维模式及企业文化存在差异,容易产生矛盾和冲突,需要有一个专门的部门来解决这些问题,这就是协调机构。协调机构的作用在于处理、调和、协同企业间的关系,在企业间进行有效的人际沟通,使不同企业的员工能统一于共同的目标下,激励员工,化解协同过程中产生的各种矛盾和冲突。一般而言,设置协调机构的企业间协同程度更高。

6.2.3　信息协同

信息协同是企业间协同的基础之一。企业间要协同,就必须进行信息、资源、技术等的交流,而信息协同是一个关键性的问题。本书从信息共享标准化、信息传输准确性、信息传递及时性和系统软件使用四个方面对汽车后服务链企业间的信息协同进行研究。

(1)信息共享标准化

信息共享的基础是信息标准化。企业之间的信息交流与共享,必须建立在信息形式统一的基础上。企业间采用统一的信息标准及信息技术是信息顺畅共享的关键。汽车后服务链企业间的信息共享是在不同的企业间、企业的不同部门间的信息交流与共享,其目的在于避免信息的重复浪费,提高信息资源的利用率,节约共同成本,创造更多的财富。信息的标准化程度越高,企业间协同程度越高。

(2)信息传输准确性

信息共享涉及汽车后服务链不同企业间、企业的不同部门之间进行的信息交流。信息共享可以在企业间提供市场、产品和客户的各种信息,信息就是资源和财富。但并不是所有的信息都可以变成财富,只有准确的信息才能为企业所用,最终形成生产能力。而不准确的信息不仅不会变成财富,还有可能造成错误的决策,为企业带来损失。在这种情况下,信息传输的准确性是企业间协同的一个影响因素。

(3)信息传递及时性

信息也具有"保质期",即所谓的信息及时性。信息从发出、接收,到被使用的时间间隔及其效率,就是信息的及时性。信息从发出到被使用间隔的时间长短、信息传递速度的快慢等都影响着信息传递的及时性。在汽车后服务链企业间的协同中,企业因业务往来产生了信息的需求和供给,要根据供求双方对信息内容、时限、标准等要求,快速、有效地传递信息。在传递的过程中,信息供求双方要进行信息的校验、纠偏,并且在完成信息使用后,对信息进行及时的反馈,这样才能保证较高的企业间协同程度。

(4)系统软件使用

系统软件使用是指汽车后服务链企业间以战略协同为目标,进行统一的软件系统管理。因目标不同,协同程度也有所差别,但企业间系统软件使用基本应实现相互沟通和协作、提高管理效率、实现企业协同管理的目的。系统软件的使用对于企业间信息共享是一个极大的助力。不同企业可以在一个平台上进行信息、资源、人员、技术等多方面的配置和控制,形成一个新的主体,为共同利益而服务。但这对企业间的关系有一定的要求,企业间关系越紧密,协同系统软件的使用水平越高,企业间协同程度就越高。

6.2.4 业务协同

企业间业务协同涉及多个经济主体,按照共同的目标,通过信息交换实现销售、采购、生产等一系列的活动。汽车后服务链企业间的业务协同包括业务合作、业务配合、业务违约三个方面的内容。

(1)业务合作

企业间通过合同或其他方式联合在一起,共同实施多项业务,企业间的业务合作有利于协同企业更加充分地利用共同资源,降低共同成本,提高经营水平,共同发展,实现共赢。企业间业务合作量在一定程度上反映了企业间往来的频繁度,是企业间建立信任的媒介。企业间业务合作量是企业间能在多大程度上信任对方的一个依据,也影响企业间协同程度的高低。企业间业务合作量越大,企业间关系越紧密,协同性越好。

(2)业务配合

业务涉及企业的多项资源和人员,而企业间的业务涉及的范围更广,在这种情况下,企业内各部门,甚至企业间的各个部门的衔接要做好,即业务配合。只有部门间相互理解后,对共同的工作才能达成默契,更好地完成任务。业务配合程度与企业间协同程度是呈正比例的,业务配合程度越高,企业间协同程度越高。

(3)业务违约

企业间的合作也不总是一帆风顺的,有时也会出现违约的情况。企业间协同是建立在信任的基础上,企业间的业务如果出现违约,将会对企业间关系造成破坏性的影响,企业间业务协同也会受到直接影响。业务违约是从反方向对企业间的业务协同的反映。业务违约率越高,说明企业间的业务协同性越差。

汽车后服务链企业间协同性评价指标体系如图 6.3 所示。

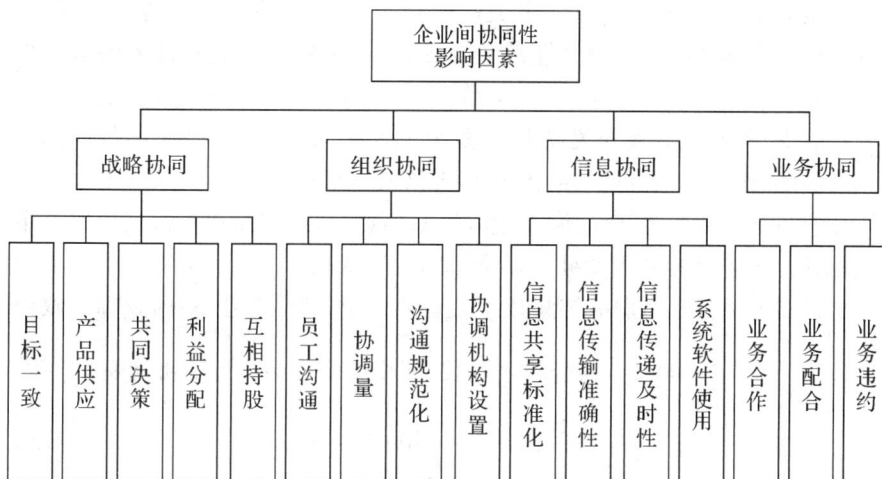

图 6.3　企业间协同性评价指标体系

6.3　企业间协同性评价度量及评价模型

6.3.1　协同性评价度量

6.3.1.1　企业间战略协同性度量

(1)目标一致

汽车后服务链上的企业之间的目标是否一致,决定了其经营行为及企业间协同的内生动力问题,也必然影响企业间的协同关系和协同效应。汽车后服务链集成服务企业与其他企业间目标一致(C_{j_1})的协同影响力矩阵 $\varepsilon = [S_i, S_j]_{m\times m} = (B_{1i}^{j_1})_{1\times n}$ 。

$$\varepsilon = [B_{11}^{j_1}\quad B_{12}^{j_1}\cdots\quad B_{1i}^{j_1}\quad \cdots\quad B_{1n}^{j_1}] \tag{6.1}$$

$$B_{1i}^{j_1} = \begin{cases} 1 & \text{集成服务企业 } S_1 \text{ 与其他企业 } S_i \text{ 目标一致} \\ 0 & \text{否则} \end{cases} \tag{6.2}$$

95

$B_{1i}^{j_1}$ 表示汽车后服务链上的集成服务企业与其他第 i 个企业目标一致，且处于协同状态，因此目标一致协同影响力矩阵 ε 为 $1 \times n$ 的矩阵。若汽车后服务链上集成服务企业与其他企业目标一致且处于协同状态，$\lambda(1, i)$ 为集成服务企业 S_1 与所有有业务关联的企业 S_i 的协同轨迹上的一个节点，所有汽车后服务链上其他企业总数为 k，则服务链上协同轨迹上的节点集合为 $\lambda = [(S_1, S_1), (S_1, S_2), \cdots, (S_1, S_i), \cdots, (S_1, S_k)], k \leqslant n$。若集成服务企业 S_1 与其他有业务关联的企业 S_i 目标一致，并且与服务链其他企业参与协同，该协同矩阵的 $B_{1i}^{j_1}$ 皆为 1，则该汽车后服务链集成服务企业与其他企业目标一致性处于全协同发生状态；否则，该汽车后服务链集成服务企业与其他企业目标一致性处于非全协同发生状态。

设 Y^{j_1} 为汽车后服务链集成服务企业 S_1 与其他企业 S_i 的目标一致协同数，$Y^{j_1} = \sum_{i=1}^{n} B_{1i}^{j_1}$，$n$ 为合作企业数，那么决定目标一致的协同熵 C_{j_1} 为

$$C_{j_1} = -\frac{Y^{j_1}}{n} \log \frac{Y^{j_1}}{n} \tag{6.3}$$

（2）产品供应

汽车后服务链集成服务企业与其他企业间产品协同（C_{j_2}）的协同影响力矩阵 $\varepsilon = [S_1, S_i]_{1 \times n} = (B_{1i}^{j_2})_{1 \times n}$。

$$\varepsilon = \begin{bmatrix} B_{11}^{j_2} & B_{12}^{j_2} & \cdots & B_{1i}^{j_2} & \cdots & B_{1n}^{j_2} \end{bmatrix} \tag{6.4}$$

$$B_{1i}^{j_2} = \begin{cases} 1 & \text{集成服务企业 } S_1 \text{ 与其他企业 } S_i \text{ 产品供应合理且协同} \\ 0 & \text{否则} \end{cases} \tag{6.5}$$

$B_{1i}^{j_2}$ 表示汽车后服务链集成服务企业与其他第 i 个企业产品供应合理，且处于协同状态，因此产品供应协同影响力矩阵 ε 为 $1 \times n$ 的矩阵。若汽车后服务链上集成服务企业与其他企业产品供应合理且处于协同状态，$\lambda(1, i)$ 为集成服务企业 S_1 与所有有业务关联的企业 S_i 的协同轨迹上的一个节点，所有汽车后服务链上其他企业总数为 k，则服务链上协同轨迹上的节点集合为 $\lambda = [(S_1, S_1), (S_1, S_2), \cdots, (S_1, S_i), \cdots, (S_1, S_k)], k \leqslant n$。若汽车后服务链集成服务企业 S_1 与其他有业务关联的企业 S_i 产品供应合理，并且与服务链其他企业参与协同，该协同矩阵的 $B_{1i}^{j_2}$ 皆为 1，则该汽车后服务链集成服务企业与其他企业产品供应处于全协同发生状态；否则，该汽车后服务链集成服务企业与其他企业产品供应处于非全协同发生状态。

设 Y^{j_2} 为汽车后服务链集成服务企业 S_1 与其他企业 S_i 的产品供应合

理协同数，$Y^{j_2} = \sum_{i=1}^{n} B_{1i}^{j_2}$，$n$ 为合作企业数，那么决定产品供应的协同熵 C_{j_2} 为

$$C_{j_2} = -\frac{Y^{j_2}}{n} \log \frac{Y^{j_2}}{n} \tag{6.6}$$

(3) 共同决策

汽车后服务链集成服务企业与其他企业间共同决策（C_{j_3}）的协同影响力矩阵 $\varepsilon = [S_1, S_i]_{1 \times n} = (B_{1i}^{j_3})_{1 \times n}$。

$$\varepsilon = \begin{bmatrix} B_{11}^{j_3} & B_{12}^{j_3} & \cdots & B_{1i}^{j_3} & \cdots & B_{1n}^{j_3} \end{bmatrix} \tag{6.7}$$

$$B_{1i}^{j_3} = \begin{cases} 1 & \text{集成服务企业 } S_1 \text{ 与其他企业 } S_i \text{ 共同决策合理且协同} \\ 0 & \text{否则} \end{cases} \tag{6.8}$$

$B_{1i}^{j_3}$ 表示汽车后服务链集成服务企业与其他第 i 个企业间共同决策合理，且处于协同状态，因此共同决策协同影响力矩阵 ε 为 $1 \times n$ 的矩阵。若汽车后服务链上集成服务企业与其他企业共同决策合理且处于协同状态，$\lambda(1, i)$ 为集成服务企业 S_1 与所有有业务关联的企业 S_i 的协同轨迹上的一个节点，所有汽车后服务链上其他企业总数为 k，则服务链上协同轨迹上的节点集合为 $\lambda = [(S_1, S_1), (S_1, S_2), \cdots, (S_1, S_i), \cdots, (S_1, S_k)]$，$k \leqslant n$。若汽车后服务链集成服务企业 S_1 与其他有业务关联的企业 S_i 共同决策，并且与服务链其他企业参与协同，该协同矩阵的 $B_{1i}^{j_3}$ 皆为 1，则该汽车后服务链集成服务企业与其他企业共同决策处于全协同发生状态；否则，该汽车后服务链集成服务企业与其他企业共同决策处于非全协同发生状态。

设 Y^{j_3} 为汽车后服务链集成服务企业 S_1 与其他企业 S_i 的共同决策协同数，$Y^{j_3} = \sum_{i=1}^{n} B_{1i}^{j_3}$，$n$ 为合作企业数，那么决定共同决策的协同熵 C_{j_3} 为

$$C_{j_3} = -\frac{Y^{j_3}}{n} \log \frac{Y^{j_3}}{n} \tag{6.9}$$

(4) 利益分配

汽车后服务链集成服务企业与其他企业间利益分配（C_{j_4}）的协同影响力矩阵 $\varepsilon = [S_1, S_i]_{1 \times n} = (B_{1i}^{j_4})_{1 \times n}$。

$$\varepsilon = \begin{bmatrix} B_{11}^{j_4} & B_{12}^{j_4} & \cdots & B_{1i}^{j_4} & \cdots & B_{1n}^{j_4} \end{bmatrix} \tag{6.10}$$

$$B_{1i}^{j_4} = \begin{cases} 1 & \text{集成服务企业 } S_1 \text{ 与其他企业 } S_i \text{ 利益分配合理且协同} \\ 0 & \text{否则} \end{cases} \tag{6.11}$$

$B_{1i}^{j_4}$ 表示汽车后服务链集成服务企业与其他第 i 个企业利益分配合理，且处于协同状态，因此利益分配协同影响力矩阵 ε 为 $1\times n$ 的矩阵。若汽车后服务链上集成服务企业与其他企业利益分配合理且处于协同状态，$\lambda(1,i)$ 为集成服务企业 S_1 与所有有业务关联的企业 S_i 的协同轨迹上的一个节点，所有汽车后服务链上其他企业总数为 k，则服务链上协同轨迹上的节点集合为 $\lambda=[(S_1,S_1),(S_1,S_2),\cdots,(S_1,S_i),\cdots,(S_1,S_k)],k\leqslant n$。若汽车后服务链集成服务企业 S_1 与其他有业务关联的企业 S_i 利益分配合理，并且与服务链其他企业参与协同，该协同矩阵的 $B_{1i}^{j_4}$ 皆为 1，则该汽车后服务链集成服务企业与其他企业利益分配处于全协同发生状态；否则，该汽车后服务链集成服务企业与其他企业利益分配处于非全协同发生状态。

设 Y^{j_4} 为汽车后服务链集成服务企业 S_1 与其他企业 S_i 的利益分配协同数，$Y^{j_4}=\sum_{i=1}^{n}B_{1i}^{j_4}$，$n$ 为合作企业数，那么决定利益分配的协同熵 C_{j_4} 为

$$C_{j_4}=-\frac{Y^{j_4}}{n}\log\frac{Y^{j_4}}{n} \tag{6.12}$$

(5)相互持股

汽车后服务链集成服务企业与其他企业间相互持股（C_{j_5}）的协同影响力矩阵 $\varepsilon=[S_1,S_i]_{1\times n}=(B_{1i}^{j_5})_{1\times n}$。

$$\varepsilon=[B_{11}^{j_5} \quad B_{12}^{j_5} \quad \cdots \quad B_{1i}^{j_5} \quad \cdots \quad B_{1n}^{j_5}] \tag{6.13}$$

$$B_{1i}^{j_5}=\begin{cases}1 & \text{集成服务企业 }S_1\text{ 与其他企业 }S_i\text{ 相互持股合理且协同}\\0 & \text{否则}\end{cases} \tag{6.14}$$

$B_{1i}^{j_5}$ 表示汽车后服务链集成服务企业与其他第 i 个企业相互持股合理，且处于协同状态，因此相互持股协同影响力矩阵 ε 为 $1\times n$ 的矩阵。若汽车后服务链上集成服务企业与其他企业相互持股合理且处于协同状态，$\lambda(1,i)$ 为集成服务企业 S_1 与所有有业务关联的企业 S_i 的协同轨迹上的一个节点，所有汽车后服务链上其他企业总数为 k，则服务链上协同轨迹上的节点集合为 $\lambda=[(S_1,S_1),(S_1,S_2),\cdots,(S_1,S_i),\cdots,(S_1,S_k)],k\leqslant n$。若汽车后服务链集成服务企业 S_1 与其他有业务关联的企业 S_i 相互持股合理，并且与服务链其他企业参与协同，该协同矩阵的 $B_{1i}^{j_5}$ 皆为 1，则该汽车后服务链集成服务企业与其他企业相互持股处于全协同发生状态；否则，该汽车后服务链集成服务企业与其他企业相互持股处于非全协同发生状态。

设 Y^{j_5} 为汽车后服务链集成服务企业 S_1 与其他企业 S_i 的相互持股协

同数，$Y^{j_5} = \sum_{i=1}^{n} B_{1i}^{j_5}$，$n$ 为合作企业数，那么决定相互持股的协同熵 C_{j_5} 为

$$C_{j_5} = -\frac{Y^{j_5}}{n} \log \frac{Y^{j_5}}{n} \tag{6.15}$$

6.3.1.2　企业间组织协同性度量

(1)员工沟通

汽车后服务链集成服务企业与其他企业间员工沟通（C_{j_6}）的协同影响力矩阵 $\varepsilon = [S_1, S_i]_{1\times n} = (B_{1i}^{j_6})_{1\times n}$。

$$\varepsilon = \begin{bmatrix} B_{11}^{j_6} & B_{12}^{j_6} & \cdots & B_{1i}^{j_6} & \cdots & B_{1n}^{j_6} \end{bmatrix} \tag{6.16}$$

$$B_{1i}^{j_6} = \begin{cases} 1 & \text{集成服务企业 } S_1 \text{ 与其他企业 } S_i \text{ 员工沟通顺畅且协同} \\ 0 & \text{否则} \end{cases} \tag{6.17}$$

$B_{1i}^{j_6}$ 表示汽车后服务链集成服务企业与其他第 i 个企业间员工沟通顺畅，且处于协同状态，因此员工沟通协同影响力矩阵 ε 为 $1 \times n$ 的矩阵。若汽车后服务链上集成服务企业与其他企业员工沟通顺畅且处于协同状态，$\lambda(1,i)$ 为集成服务企业 S_1 与所有有业务关联的企业 S_i 的协同轨迹上的一个节点，所有汽车后服务链上其他企业总数为 k，则服务链上协同轨迹上的节点集合为 $\lambda = [(S_1,S_1),(S_1,S_2),\cdots,(S_1,S_i),\cdots,(S_1,S_k)]$，$k \leqslant n$。若汽车后服务链集成服务企业 S_1 与其他有业务关联的企业 S_i 员工沟通顺畅，并且与服务链其他企业参与协同，该协同矩阵的 $B_{1i}^{j_6}$ 皆为 1，则该汽车后服务链集成服务企业与其他企业员工沟通处于全协同发生状态；否则，该汽车后服务链集成服务企业与其他企业员工沟通处于非全协同发生状态。

设 Y^{j_6} 为汽车后服务链集成服务企业 S_1 与其他企业 S_i 的员工沟通协同数，$Y^{j_6} = \sum_{i=1}^{n} B_{1i}^{j_6}$，$n$ 为合作企业数，那么决定员工沟通的协同熵 C_{j_6} 为

$$C_{j_6} = -\frac{Y^{j_6}}{n} \log \frac{Y^{j_6}}{n} \tag{6.18}$$

(2)协调量

若设 $f_i^{j_7}$ 表示汽车后服务链集成服务企业与第 i 个合作企业的协调次数，$f^{j_7} = \sum_{i=1}^{n} f_i^{j_7}$（$i=1,2,\cdots,n$）表示汽车后服务链集成服务企业与其他企业的协调总次数；协调量的协同熵 C_{j_7} 为

$$C_{j_7} = -\sum_{i=1}^{n} \frac{f_i^{j_7}}{f^{j_7}} \log \frac{f_i^{j_7}}{f^{j_7}} \tag{6.19}$$

式中，n 为合作企业数。

(3)沟通规范化

若设 $f_i^{j_8}$ 表示汽车后服务链集成服务企业与第 i 个合作企业的沟通制度条数，$f^{j_8} = \sum_{i=1}^{n} f_i^{j_8}$ $(i=1,2,\cdots,n)$ 表示汽车后服务链集成服务企业与其他企业的沟通制度总条数；沟通规范化的协同熵 C_{j_8} 为

$$C_{j_8} = -\sum_{i=1}^{n} \frac{f_i^{j_8}}{f^{j_8}} \log \frac{f_i^{j_8}}{f^{j_8}} \tag{6.20}$$

式中，n 为合作企业数。

(4)协调机构设置

汽车后服务链集成服务企业与其他企业间协调机构（C_{j_9}）的协同影响力矩阵 $\varepsilon = [S_1, S_i]_{1 \times n} = (B_{1i}^{j_9})_{1 \times n}$。

$$\varepsilon = \begin{bmatrix} B_{11}^{j_9} & B_{12}^{j_9} & \cdots & B_{1i}^{j_9} & \cdots & B_{1n}^{j_9} \end{bmatrix} \tag{6.21}$$

$$B_{1i}^{j_9} = \begin{cases} 1 & \text{集成服务企业 } S_1 \text{ 与其他企业 } S_i \text{ 协调机构设置合理且协同} \\ 0 & \text{否则} \end{cases} \tag{6.22}$$

$B_{1i}^{j_9}$ 表示汽车后服务链集成服务企业与其他第 i 个企业协调机构设置合理，且处于协同状态，因此协调机构设置协同影响力矩阵 ε 为 $1 \times n$ 的矩阵。若汽车后服务链上集成服务企业与其他企业协调机构设置合理且处于协同状态，$\lambda(1,i)$ 为集成服务企业 S_1 与所有有业务关联的企业 S_i 的协同轨迹上的一个节点，所有汽车后服务链上其他企业总数为 k，则汽车后服务链上协同轨迹上的节点集合为 $\lambda = [(S_1, S_1), (S_1, S_2), \cdots, (S_1, S_i), \cdots, (S_1, S_k)]$，$k \leqslant n$。若汽车后服务链集成服务企业 S_1 与其他有业务关联的企业 S_i 协调机构设置合理，并且与服务链其他企业参与协同，该协同矩阵的 $B_{1i}^{j_9}$ 皆为 1，则该汽车后服务链集成服务企业与其他企业协调机构设置处于全协同发生状态；否则，该汽车后服务链集成服务企业与其他企业协调机构设置处于非全协同发生状态。

设 Y^{j_9} 为汽车后服务链集成服务企业 S_1 与其他企业 S_i 的协调机构设置协同数，$Y^{j_9} = \sum_{i=1}^{n} B_{1i}^{j_9}$，$n$ 为合作企业数，那么决定协调机构设置的协同熵 C_{j_9} 为

$$C_{j_9} = -\frac{Y^{j_9}}{n} \log \frac{Y^{j_9}}{n} \tag{6.23}$$

6.3.1.3 企业间信息协同性度量

(1)信息共享标准化

汽车后服务链集成服务企业与其他企业间信息共享标准化($C_{j_{10}}$)的协同影响力矩阵 $\varepsilon = [S_1, S_i]_{1 \times n} = (B_{1i}^{j_{10}})_{1 \times n}$。

$$\varepsilon = [B_{11}^{j_{10}} \quad B_{12}^{j_{10}} \quad \cdots \quad B_{1i}^{j_{10}} \quad \cdots \quad B_{1n}^{j_{10}}] \tag{6.24}$$

$$B_{1i}^{j_{10}} = \begin{cases} 1 & \text{集成服务企业 } S_1 \text{ 与其他企业 } S_i \text{ 信息共享标准化且协同} \\ 0 & \text{否则} \end{cases} \tag{6.25}$$

$B_{1i}^{j_{10}}$ 表示汽车后服务链集成服务企业与其他第 i 个企业信息共享标准化,且处于协同状态,因此信息共享标准化协同影响力矩阵 ε 为 $1 \times n$ 的矩阵。若汽车后服务链上集成服务企业与其他企业信息共享标准化且处于协同状态,$\lambda(1, i)$ 为集成服务企业 S_1 与所有有业务关联的企业 S_i 的协同轨迹上的一个节点,所有汽车后服务链上其他企业总数为 k,则服务链上协同轨迹上的节点集合为 $\lambda = [(S_1, S_1), (S_1, S_2), \cdots, (S_1, S_i), \cdots, (S_1, S_k)], k \leqslant n$。若汽车后服务链集成服务企业 S_1 与其他有业务关联的企业 S_i 信息共享标准化,并且与服务链其他企业参与协同,该协同矩阵的 $B_{1i}^{j_{10}}$ 皆为 1,则该汽车后服务链集成服务企业与其他企业信息共享标准化处于全协同发生状态;否则,该汽车后服务链集成服务企业与其他企业信息共享标准化处于非全协同发生状态。

设 $Y^{j_{10}}$ 为汽车后服务链集成服务企业 S_1 与其他企业 S_i 的信息共享标准化协同数,$Y^{j_{10}} = \sum_{i=1}^{n} B_{1i}^{j_{10}}$,$n$ 为合作企业数,那么决定信息共享标准化的协同熵 $C_{j_{10}}$ 为

$$C_{j_{10}} = -\frac{Y^{j_{10}}}{n} \log \frac{Y^{j_{10}}}{n} \tag{6.26}$$

(2)信息传输准确性

若设 $f_i^{j_{11}}$ 表示汽车后服务链集成服务企业与第 i 个合作企业的信息传输准确次数,$f^{j_{11}} = \sum_{i=1}^{n} f_i^{j_{11}}$($i = 1, 2, \cdots, n$)表示汽车后服务链集成服务企业与其他企业的信息传输准确总次数;信息传输准确性的协同熵 $C_{j_{11}}$ 为

$$C_{j_{11}} = -\sum_{i=1}^{n} \frac{f_i^{j_{11}}}{f^{j_{11}}} \log \frac{f_i^{j_{11}}}{f^{j_{11}}} \tag{6.27}$$

式中，n 为合作企业数。

(3)信息传递及时性

若设 $f_i^{j_{12}}$ 表示汽车后服务链集成服务企业与第 i 个合作企业的信息传输及时次数，$f^{j_{12}} = \sum_{i=1}^{n} f_i^{j_{12}}$ $(i=1,2,\cdots,n)$ 表示汽车后服务链集成服务企业与其他企业的信息传递及时总次数；信息传递及时性的协同熵 $C_{j_{12}}$ 为

$$C_{j_{12}} = -\sum_{i=1}^{n} \frac{f_i^{j_{12}}}{f^{j_{12}}} \log \frac{f_i^{j_{12}}}{f^{j_{12}}} \tag{6.28}$$

式中，n 为合作企业数。

(4)系统软件使用

汽车后服务链集成服务企业与其他企业间系统软件使用($C_{j_{13}}$)的协同影响力矩阵 $\varepsilon = [S_1, S_i]_{1\times n} = (B_{1i}^{j_{13}})_{1\times n}$。

$$\varepsilon = \begin{bmatrix} B_{11}^{j_{13}} & B_{12}^{j_{13}} & \cdots & B_{1i}^{j_{13}} & \cdots & B_{1n}^{j_{13}} \end{bmatrix} \tag{6.29}$$

$$B_{1i}^{j_{13}} = \begin{cases} 1 & \text{集成服务企业 } S_1 \text{ 与其他企业 } S_i \text{ 系统软件使用合理且协同} \\ 0 & \text{否则} \end{cases} \tag{6.30}$$

$B_{1i}^{j_{13}}$ 表示汽车后服务链集成服务企业与其他第 i 个企业系统软件使用合理，且处于协同状态，因此系统软件使用协同影响力矩阵 ε 为 $1\times n$ 的矩阵。若汽车后服务链上集成服务企业与其他企业系统软件使用合理且处于协同状态，$\lambda(1,i)$ 为集成服务企业 S_1 与所有有业务关联的企业 S_i 的协同轨迹上的一个节点，所有汽车后服务链上其他企业总数为 k，则服务链上协同轨迹上的节点集合为 $\lambda = [(S_1,S_1),(S_1,S_2),\cdots,(S_1,S_i),\cdots,(S_1,S_k)]$，$k \leqslant n$。若汽车后服务链集成服务企业 S_1 与其他有业务关联的企业 S_i 系统软件使用合理，并且与服务链其他企业参与协同，该协同矩阵的 $B_{1i}^{j_{13}}$ 皆为 1，则该汽车后服务链集成服务企业与其他企业系统软件使用处于全协同发生状态；否则，该汽车后服务链集成服务企业与其他企业系统软件使用处于非全协同发生状态。

设 $Y^{j_{13}}$ 为汽车后服务链集成服务企业 S_1 与其他企业 S_i 的系统软件使用协同数，$Y^{j_{13}} = \sum_{i=1}^{n} B_{1i}^{j_{13}}$，$n$ 为合作企业数，那么决定系统软件使用的协同熵 $C_{j_{13}}$ 为

$$C_{j_{13}} = -\frac{Y^{j_{13}}}{n} \log \frac{Y^{j_{13}}}{n} \tag{6.31}$$

6.3.1.4　企业间业务协同性度量

(1)业务合作

若设 $f_i^{j_{14}}$ 表示汽车后服务链集成服务企业与第 i 个合作企业的业务合作次数，$f^{j_{14}} = \sum_{i=1}^{n} f_i^{j_{14}}$ $(i=1,2,\cdots,n)$ 表示汽车后服务链集成服务企业与其他企业的业务合作总次数；业务合作的协同熵 $C_{j_{14}}$ 为

$$C_{j_{14}} = -\sum_{i=1}^{n} \frac{f_i^{j_{14}}}{f^{j_{14}}} \log \frac{f_i^{j_{14}}}{f^{j_{14}}} \tag{6.32}$$

式中，n 为合作企业数。

(2)业务配合

汽车后服务链集成服务企业与其他企业业务配合（$C_{j_{15}}$）的协同影响力矩阵 $\varepsilon = [S_1, S_i]_{1\times n} = (B_{1i}^{j_{15}})_{1\times n}$。

$$\varepsilon = [\begin{matrix} B_{11}^{j_{15}} & B_{12}^{j_{15}} & \cdots & B_{1i}^{j_{15}} & \cdots & B_{1n}^{j_{15}} \end{matrix}] \tag{6.33}$$

$$B_{1i}^{j_{15}} = \begin{cases} 1 & \text{集成服务企业 } S_1 \text{ 与其他企业 } S_i \text{ 业务配合良好且协同} \\ 0 & \text{否则} \end{cases} \tag{6.34}$$

$B_{1i}^{j_{15}}$ 表示汽车后服务链集成服务企业与第 i 个企业业务配合处于协同状态，因此业务配合协同影响力矩阵 ε 为 $1\times n$ 的矩阵。若汽车后服务链上集成服务企业与其他企业业务配合处于协同状态，$\lambda(1,i)$ 为集成服务企业 S_1 与所有有业务关联的企业 S_i 的协同轨迹上的一个节点，所有汽车后服务链上其他企业总数为 k，则服务链上协同轨迹上的节点集合为 $\lambda = [(S_1,S_1),(S_1,S_2),\cdots,(S_1,S_i),\cdots,(S_1,S_k)]$，$k\leqslant n$。若汽车后服务链集成服务企业 S_1 与其他有业务关联的企业 S_i 业务配合顺畅，并且与服务链其他企业参与协同，该协同矩阵的 $B_{1i}^{j_{15}}$ 皆为 1，则该汽车后服务链集成服务企业与其他企业业务配合处于全协同发生状态；否则，该汽车后服务链集成服务企业与其他企业业务配合处于非全协同发生状态。

设 $Y^{j_{15}}$ 为汽车后服务链集成服务企业 S_1 与其他企业 S_i 的业务配合协同数，$Y^{j_{15}} = \sum_{i=1}^{n} B_{1i}^{j_{15}}$，$n$ 为合作企业数，那么决定业务配合的协同熵 $C_{j_{15}}$ 为

$$C_{j_{15}} = -\frac{Y^{j_{15}}}{n} \log \frac{Y^{j_{15}}}{n} \tag{6.35}$$

(3)业务违约

若设 $f_i^{j_{16}}$ 表示汽车后服务链集成服务企业与第 i 个合作企业的业务违约次数，$f^{j_{16}} = \sum_{i=1}^{n} f_i^{j_{16}} (i = 1, 2, \cdots, n)$ 表示汽车后服务链集成服务企业与其他企业的业务违约总次数；业务违约的协同熵 $C_{j_{16}}$ 为

$$C_{j_{16}} = -\sum_{i=1}^{n} \frac{f_i^{j_{16}}}{f^{j_{16}}} \log \frac{f_i^{j_{16}}}{f^{j_{16}}} \tag{6.36}$$

式中，n 为合作企业数。

6.3.2　企业间协同评价模型

汽车后服务链企业间的协同性评价指标比较多，为对汽车后服务链企业间进行协同性评价，参照第 4 章的评价方法，需要设计 BP 神经网络模型，并确定适合汽车后服务链企业间协同性训练及仿真的核心参数。

(1)输入节点的确定

根据第 6.2 节建立的指标体系，目标一致、共同决策、产品供应、利益分配等 16 个评价指标可以作为神经网络的输入节点，分别以 J_i 表示。

(2)输出节点的确定

输出节点数定为 1，即汽车后服务链企业间协同性评价结果。

(3)隐含层节点的确定

根据公式(3.28)～(3.30)，隐含层节点数分别为

$$n_1 = \sqrt{n+m} + a = \sqrt{16+1} + a \approx 4.12 + a，a \text{ 为 } 1\sim10 \text{ 的整数} \tag{6.37}$$

$$n_1 = \frac{3\sqrt{nm}}{2} = \frac{3\sqrt{16\times1}}{2} = 6 \tag{6.38}$$

$$n_1 = \log_2 n = \log_2 16 = 4 \tag{6.39}$$

根据计算结果，隐含层节点数设置为 $n_1 \in [4, 14]$，n_1 为整数，对汽车后服务链企业间协同性评价训练样本进行测试，本模型隐含层节点数选择为 13，以 H_i 表示。

6.4　企业间协同性训练与仿真

本书对一汽轿车、标致、丰田、宝马、福特、江铃、奥迪、大众等多个汽车品牌的 4S 店和华阳、思源、禾迪、锦云、康润等多个服务品牌的综合性服务企业共 15 家汽车后服务链企业进行调研。根据对 15 家汽车后服务链上的集成服务企业及其合作企业的调研结果和所构建的汽车后服务链企业间协同性评价指标，对这 15 个训练样本进行协同性评价度量，其数据如表 6.1 所示。

表 6.1　训练样本企业间协同熵数据

指标	样本							
	B_1	B_2	B_3	B_4	B_5	B_6	B_7	B_8
J_1	0.0000	0.1174	0.1331	0.1331	0.1331	0.1331	0.0775	0.1592
J_2	0.0000	0.0000	0.0775	0.0000	0.0775	0.0775	0.1331	0.1331
J_3	0.1174	0.1174	0.1331	0.0775	0.1331	0.1398	0.0775	0.0775
J_4	0.0000	0.1590	0.1331	0.1331	0.0000	0.0775	0.1331	0.1331
J_5	1.0000	0.1174	0.1398	0.1398	0.1398	0.1398	0.1592	0.1398
J_6	0.0000	0.0000	0.1331	0.0775	0.1331	0.1331	0.0775	0.1331
J_7	0.4581	0.4607	0.6589	0.6914	0.6990	0.6990	0.6919	0.6829
J_8	0.4515	0.4680	0.6990	0.6914	0.5949	0.6913	0.4713	0.6794
J_9	0.0000	0.1174	0.1331	0.1331	0.1592	0.1592	0.0775	0.1592
J_{10}	0.1174	0.1590	0.1592	0.0775	0.0775	0.1331	0.1331	0.0775
J_{11}	0.4581	0.4447	0.6935	0.6951	0.6982	0.6942	0.6735	0.6867
J_{12}	0.4604	0.4575	0.6935	0.6951	0.6956	0.6910	0.6761	0.6900
J_{13}	0.1590	0.1590	0.0775	0.1398	0.1331	0.1331	0.1592	0.1331
J_{14}	0.4581	0.4671	0.6806	0.6882	0.6985	0.6990	0.6860	0.6896
J_{15}	0.0000	0.1174	0.1331	0.0775	0.1592	0.1592	0.0000	0.1592

续　表

指标	样本							
	B_1	B_2	B_3	B_4	B_5	B_6	B_7	B_8
J_{16}	0.0000	0.4581	0.2764	0.0000	0.3010	0.0000	0.2923	0.2764
评价结果	0.688	0.662	0.550	0.595	0.573	0.570	0.588	0.549

指标	样本						
	B_9	B_{10}	B_{11}	B_{12}	B_{13}	B_{14}	B_{15}
J_1	0.0775	0.1331	0.0937	0.0937	0.0937	0.0937	0.0937
J_2	0.1331	0.0775	0.0937	0.0937	0.0937	0.0937	0.0000
J_3	0.0775	0.0775	0.0937	0.1505	0.1505	0.0937	0.1505
J_4	0.1592	0.1592	0.0937	0.0000	0.0000	0.1505	0.1505
J_5	0.1398	1.0000	1.0000	0.1505	1.0000	0.1505	1.0000
J_6	0.0775	0.0775	0.0000	0.0937	0.0937	0.0937	0.0937
J_7	0.6731	0.4973	0.5484	0.5987	0.5976	0.5913	0.5561
J_8	0.5945	0.5524	0.6016	0.5933	0.5786	0.5764	0.5386
J_9	0.1331	0.1331	0.0000	0.0937	0.1505	0.0937	0.0937
J_{10}	0.0775	0.1331	0.0937	0.1505	0.0937	0.1505	0.0937
J_{11}	0.6944	0.4210	0.5323	0.5984	0.5990	0.5878	0.5963
J_{12}	0.6964	0.4267	0.5377	0.5950	0.5967	0.5408	0.5967
J_{13}	0.1398	0.0775	0.1505	0.1505	0.0937	0.0937	0.1505
J_{14}	0.6935	0.4073	0.5474	0.5948	0.5998	0.5364	0.5958
J_{15}	0.1592	0.1331	0.0000	0.0000	0.0000	0.0000	0.0937
J_{16}	0.3010	0.0000	0.0000	0.0000	0.6017	0.2442	0.3010
评价结果	0.562	0.620	0.628	0.648	0.544	0.624	0.555

　　汽车后服务链企业间协同性评价运用 Matlab 中的 Mapminmax(归一化)命令,使得输入数据都处在[-1,1],所得结果如表 6.2 所示。

表 6.2　训练样本企业间协同熵标准化数据

指标	样本							
	B_1	B_2	B_3	B_4	B_5	B_6	B_7	B_8
J_1	−1.0000	0.4750	0.6725	0.6725	0.6725	0.6725	−0.0259	1.0000
J_2	−1.0000	−1.0000	0.1649	−1.0000	0.1649	0.1649	1.0000	1.0000
J_3	0.0924	0.0924	0.5230	−1.0000	0.5230	0.7062	−1.0000	−1.0000
J_4	−1.0000	0.9983	0.6725	0.6725	−1.0000	−0.0259	0.6725	0.6725
J_5	1.0000	−1.0000	−0.9492	−0.9492	−0.9492	−0.9492	−0.9053	−0.9492
J_6	−1.0000	−1.0000	1.0000	0.1649	1.0000	1.0000	0.1649	1.0000
J_7	−1.0000	−0.9786	0.6670	0.9371	1.0000	1.0000	0.9412	0.8668
J_8	−1.0000	−0.8672	1.0000	0.9388	0.1589	0.9382	−0.8404	0.8418
J_9	−1.0000	0.4750	0.6725	0.6725	1.0000	1.0000	−0.0259	1.0000
J_{10}	−0.0235	0.9967	1.0000	−1.0000	−1.0000	0.3615	0.3615	−1.0000
J_{11}	−0.7323	−0.8294	0.9660	0.9775	1.0000	0.9709	0.8220	0.9174
J_{12}	−0.7500	−0.7712	0.9782	0.9900	0.9936	0.9598	0.8495	0.9521
J_{13}	0.9967	0.9967	−1.0000	0.5252	0.3615	0.3615	1.0000	0.3615
J_{14}	−0.6512	−0.5895	0.8737	0.9263	0.9965	1.0000	0.9114	0.9357
J_{15}	−1.0000	0.4750	0.6725	−0.0259	1.0000	1.0000	−1.0000	1.0000
J_{16}	−1.0000	0.5229	−0.0811	−1.0000	0.0006	−1.0000	−0.0284	−0.0811

指标	样本						
	B_9	B_{10}	B_{11}	B_{12}	B_{13}	B_{14}	B_{15}
J_1	−0.0259	0.6725	0.1774	0.1774	0.1774	0.1774	0.1774
J_2	1.0000	0.1649	0.4079	0.4079	0.4079	0.4079	−1.0000
J_3	−1.0000	−1.0000	−0.5567	1.0000	1.0000	−0.5567	1.0000
J_4	1.0000	1.0000	0.1774	−1.0000	−1.0000	0.8912	0.8912
J_5	−0.9492	1.0000	1.0000	−0.9249	1.0000	−0.9249	1.0000
J_6	0.1649	0.1649	−1.0000	0.4079	0.4079	0.4079	0.4079

续　表

指标	样本						
	B_9	B_{10}	B_{11}	B_{12}	B_{13}	B_{14}	B_{15}
J_7	0.7850	−0.6750	−0.2506	0.1670	0.1581	0.1060	−0.1863
J_8	0.1557	−0.1851	0.2127	0.1460	0.0273	0.0092	−0.2962
J_9	0.6725	0.6725	−1.0000	0.1774	0.8912	0.1774	0.1774
J_{10}	−1.0000	0.3615	−0.6038	0.7878	−0.6038	0.7878	−0.6038
J_{11}	0.9724	−1.0000	−0.1972	0.2801	0.2838	0.2035	0.2646
J_{12}	1.0000	−1.0000	−0.1770	0.2481	0.2604	−0.1536	0.2605
J_{13}	0.5252	−1.0000	0.7878	0.7878	−0.6038	−0.6038	0.7878
J_{14}	0.9624	−1.0000	−0.0393	0.2859	0.3200	−0.1144	0.2929
J_{15}	1.0000	0.6725	−1.0000	−1.0000	−1.0000	−1.0000	0.1774
J_{16}	0.0006	−1.0000	−1.0000	−1.0000	1.0000	−0.1882	0.0006

　　对汽车后服务链企业间协同性进行 BP 神经网络训练。将 $B_1 \sim B_{10}$ 作为训练样本，$B_{11} \sim B_{15}$ 作为测试样本，将这 15 组样本数据导入 Matlab 相关 BP 人工神经网络程序中进行训练学习，训练过程如图 6.4 所示，进行 9 次训练学习后，训练效果如图 6.5 所示。通过网络对样本进行训练，可以得到网络训练预测输出及期望输出对比，如图 6.6 所示。训练的误差在第 3 次训练中达到最好，误差控制在 0.01，达到训练目标，训练误差变化如图 6.7 所示。基于协同熵的汽车后服务企业间协同性 BP 人工神经网络评价模型已经建成，可以进行测试使用。

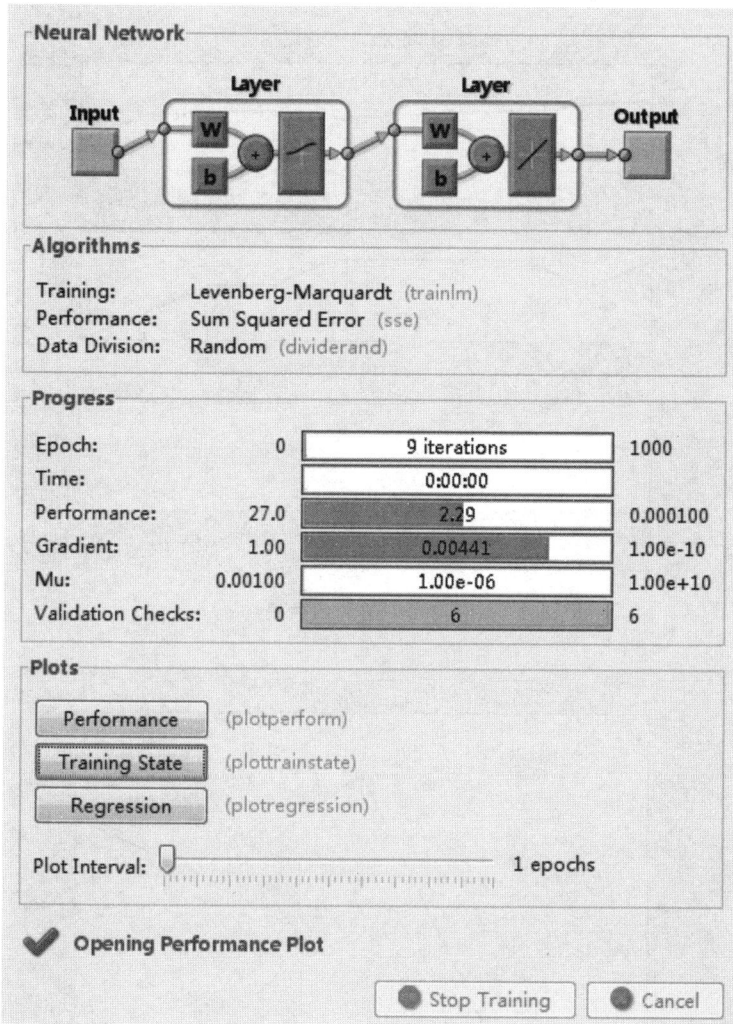

图 6.4　BP 网络训练过程

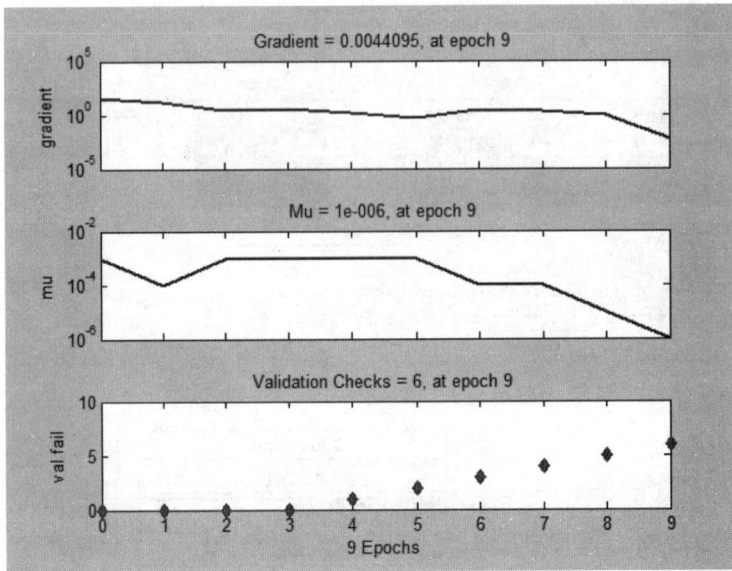

图 6.5 网络训练效果

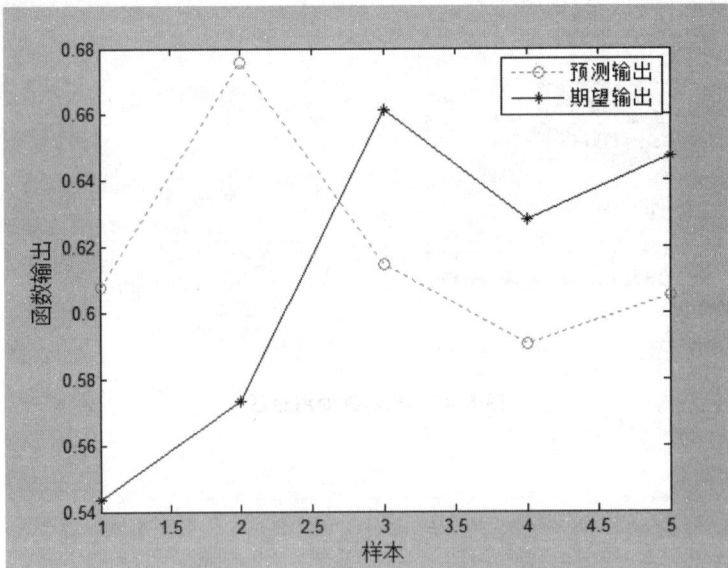

图 6.6 网络训练预测输出及期望输出对比

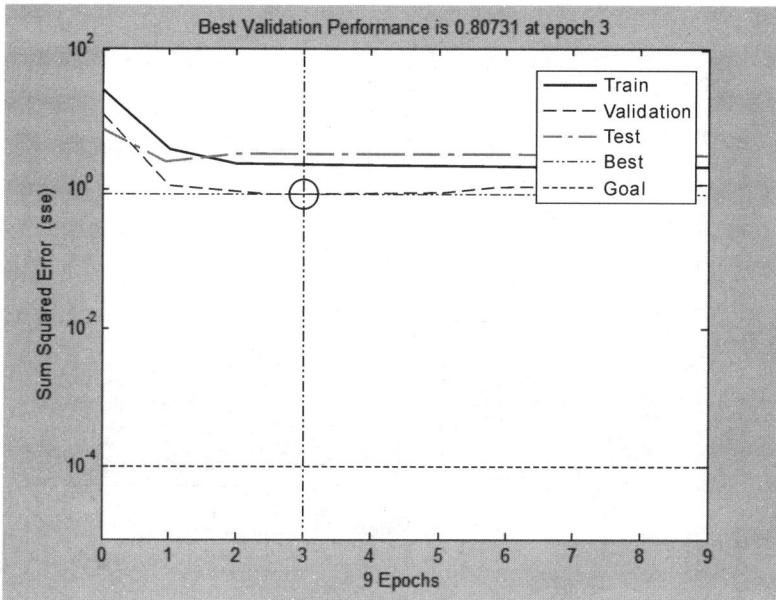

图 6.7 训练误差变化

为了验证网络训练的精度与准确度,对该 BP 网络模型进行测试,经过网络训练的测试,比较网络输出结果与实际结果,可以得出网络预测值及误差,如表 6.3 所示。预测误差较小,基本满足实际应用要求。

表 6.3 预测误差

样本	网络预测值	期望值	误差
B_{11}	0.6078	0.628	-0.0205
B_{12}	0.6756	0.648	0.0279
B_{13}	0.6149	0.544	0.0712
B_{14}	0.5905	0.624	-0.0332
B_{15}	0.6052	0.555	0.0505

通过对 BP 网络模型的训练及测试,总体有效值达 90% 以上,BP 网络的训练、验证、测试、总体误差曲线如图 6.8 所示。

仿真模拟结果表明,利用汽车后服务链企业间所建网络模型得出的汽车后服务链企业间协同性评价结果与我们的期望值偏差小,达到期望精度。

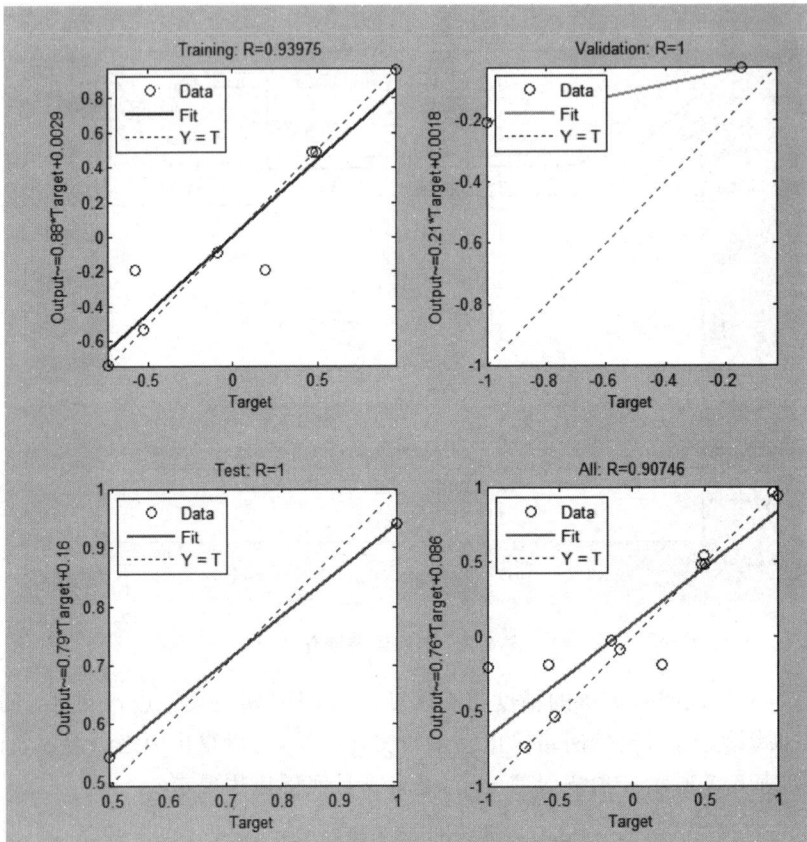

图 6.8 BP 网络的训练、验证、测试、总体误差曲线

因此,用协同熵对企业间评价指标进行度量,并采用 BP 人工神经网络模型进行协同性的自适应、自学习评价,达到了比较好的协同性评价效果,具有较好的可行性。

6.5 本章小结

本章主要建立了汽车后服务链企业间协同性评价指标体系,并采用第 4 章的评价方法对其进行了评价,具体内容有以下三个方面。

(1)对汽车后服务链企业间关系及企业间协同性要素进行了分析;并从

战略协同、组织协同、信息协同及业务协同四个方面构建了具有 16 个具体指标的评价指标体系,为汽车后服务链企业间协同性进行科学评价奠定了基础。

(2)在对 15 家汽车后服务企业进行调研的基础上,采用协同熵函数对评价指标进行协同性度量,并将 16 个指标的协同熵值作为输入值,进行 BP 神经网络训练及仿真;15 个样本数据中,10 个作为训练样本,5 个作为测试样本,经过 9 次训练学习后,汽车后服务链企业间协同性评价结果与期望值偏差小,达到期望精度;构建的汽车后服务链企业间协同性评价模型及评价方法达到了比较好的评价效果,具有较好的应用价值。

(3)由于企业间协同涉及各企业间的利益博弈、运营差异、管理差异等多个方面,本书的汽车后服务链企业间协同主要研究集成服务企业与其他合作企业间的协同。集成服务企业作为汽车后服务链的核心企业,虽然整个服务链是以其为主导的,但在协同的过程中各企业从各自的角度出发,集成服务企业仍很难将自身的战略"推广"至其合作企业,使合作企业的战略与其一致;组织和业务方面也存在相同的难题,由于分属于不同企业,组织和业务要跨企业协同,这一难度远高于企业内部的组织和业务协同,其结果必然是协同性较低。在信息协同方面,企业间应使用相同或者类似的信息软件,使用统一的信息标准及信息技术。如果企业间不重视沟通和合作,这一协同效率将会更低。在成熟的汽车后服务链中,集成服务企业会有更大的影响力,通过提高信息化程度提升企业间协同程度。

第7章　汽车后服务链协同性评价

我国汽车数量的增加,带来汽车后服务行业的迅速发展,市场和客户对汽车后服务企业也提出了更高的要求。而汽车后服务链的整体协同能提高整个汽车后服务链的效率和经济利益。汽车后服务链从战略协同、业务协同、信息协同和客户维系四个协同维度进行协同性评价。本章利用协同熵函数,建立汽车后服务链各个层次、各个维度的协同影响力矩阵,并构建各个层次、各个维度的协同度、协同效率评价模型,以及综合协同性评价模型。

7.1　服务链协同性分析

汽车后服务链协同的基本思想是以汽车后服务市场和客户需求为导向,以提高汽车后服务市场占有率和获取最大利益为目标,以信任机制和利益共享机制为基础,围绕汽车后服务链集成服务企业,达到整个汽车后服务链信息、资源、技术、人员等的有效规划和控制,形成一个完整的供应链结构。汽车后服务链协同管理使得服务链企业可以目标一致、共同决策、信息共享,使得整个汽车后服务链获得更大的效益。

7.1.1　汽车后服务链的类型

汽车后服务链包括集成服务企业、专门化服务企业、一级供应商、二级供应商、辅助企业和辅助机构、客户等经济主体,以集成服务企业为主导,是一个庞大而复杂的系统。客户是最终的需求方,在汽车后服务链中是否包含客户,对服务链协同的影响很大。按照是否包含客户这一标准,汽车后服务链可分为两类：一类是包含客户的汽车后服务链，由于其包含服务链中所有的相关利益主体，其也被称为完整服务链或外服务链；另一类是不包含客户的汽车后服务链，因其缺少了客户这一最终消费者，其也被称为非完整服务链或内服务链[225]。

汽车后服务链以集成服务企业为主导，集成服务企业的类型不同也会影响汽车后服务链。在我国，传统的汽车集成服务企业是 4S 店，4S 店提供维修、养护、配件及用品、美容及改装、洗车等汽车类服务，还有保险、救援、汽车金融、汽车租赁等保险金融服务。我国的 4S 店目前都与品牌捆绑，多数的 4S 店只针对一个厂家的系列车型，售后服务专业化、信誉度高，服务质量好，同时收费也高于其他服务企业。虽然 4S 店有一些优点，但是自身也存在很多缺陷。由于品牌专营，4S 店在很大程度上受到汽车制造商的控制，没有话语权，无法在汽车后服务链中起到主导地位，沦为汽车制造商的附庸。也是这个原因，4S 店必须按照汽车制造商的要求进行各种经营活动，如装饰、布置、定价、营销策略等一系列活动，限制了 4S 店的发展。4S 店很难建立自己的品牌形象，提供差异化、个性化的服务，只能依赖于汽车制造商和汽车品牌。此外，很多 4S 店重销售，轻售后服务。4S 店收益的一项重要来源是整车销售，以销售为中心来开展企业的各项经营活动，忽视售后服务的作用，这更使得 4S 店在汽车后服务链中无法发挥其集成服务企业的主导作用。

与 4S 店不同的是另一类汽车后服务企业，即专门化服务企业。这类企业提供的服务种类单一，如专门的汽车维修店、洗车店、汽车美容店等。只提供单一服务使其服务更加专业化，服务更为细致。但是专门化服务企业的规模、类型不一，服务水平参差不齐。专门化服务企业不针对特定的汽车品牌，提供的产品如配件和汽车用品等，不是品牌原装，服务质量难以保证，需要客户自己去鉴别。专门化服务企业也有其自身的优点，其经营灵活，不容易受到汽车制造商的影响，服务实行差异化和个性化，价格较低，重视与客户的交流。但其受到规模的影响，一般在汽车后服务链中很难发挥较大的作用。

除以上两种服务企业外，还有一类新出现的汽车后服务企业。这类企业也属于集成服务企业，为客户提供集成服务，而且这些服务是由汽车制造商授权的，如配件供应、人员管理、技术培训等都由汽车制造商统一提供，也就是说这类企业所提供的也是专业化、品牌化的服务。但与 4S 店有所区别的是,这一类集成服务企业并不只针对单一品牌,而是为多品牌服务的。这种集成服务企业以客户需求为导向,提供各种特色服务,如免费事故理赔一条龙、24小时免费紧急救援、不定期对所维修车辆进行电话回访及上门拜访等贴心服务,与其他汽车后服务企业形成差异化的市场。这种集成服务企业还形成连锁经营,与供应商、辅助企业等建立战略联盟,扩大其在汽车后服务链的影响力。这种集成服务企业既有4S店的高质量,也有专门化服务企业的差异化和个性化特点,集两种服务企业的优点于一身。

7.1.2 汽车后服务链的周期

任何服务链都有其产生、发展和消亡的过程,即具有生命周期,汽车后服务链也是有生命周期的[226]。根据汽车后服务链不同阶段的发展特征,汽车后服务链可划分为初创期、发展期、成熟期、稳固期和衰退期五个阶段。下面根据汽车后服务链生命周期的不同阶段的特点,对每个阶段进行深入分析。

(1)初创期

初创期是汽车后服务链筹备组建的阶段。在汽车后服务链发展的初创期阶段,以集成服务企业为主导的模式还没有形成。集成服务企业根据内外部环境和条件,为了有效整合服务链的资源优势,开始寻找合作企业,签订各种契约,构建服务链,并确定服务链的集成服务企业,明确服务链上的职责分担。但集成服务企业规模较小,难以与庞大的供应商抗衡,基本上不具有话语权。因此在利益分配方面,集成服务企业也不容易取得优势,大部分利益被供应商所垄断,集成服务企业在服务链整体利益中所占的比例低。汽车后服务链整体服务能力在初创期不强。集成服务企业的弱势地位也影响了汽车后服务链的稳定性,服务链处于不稳固状态,易受到各种因素的影响,容易发生服务链解体。

(2)发展期

汽车后服务链进入发展期阶段后,集成服务企业的地位开始提高。集成服务企业的规模扩大,开始具有一定的话语权,虽然还没有形成以集成服务企业为主导的模式,但已经有能力与供应商进行谈判和博弈,不再是供应商一头独大的情况。集成服务企业的壮大,使服务链企业间的合作关系更加深入,协同的范围扩大,汽车后服务链的利益分配和风险分担也在不断调整和完善。在不断博弈的过程中,集成服务企业和供应商以及其他企业机构逐渐磨合,集成服务企业逐渐争取到更多的利益,话语权也逐渐增强,由此汽车后服务链逐步稳定,服务链的整体优势体现出来,共同成本显著降低,客户满意度提高,服务链整体服务能力提高。

(3) 成熟期

当进入成熟期后,汽车后服务链企业之间的关系趋于完善,服务链开始稳定。集成服务企业的主导地位逐渐形成,其话语权提高,服务链企业间信任加深,信息共享程度高,开始出现战略协同,企业间协同进一步规范化,汽车后服务链整体利益达到最高且持久稳定,利益分配和风险分担模式基本确定。整个服务链的协同程度趋于稳步发展的状态。

(4) 稳固期

在稳固期阶段,集成服务企业的主导地位已经稳固,具有绝对的话语权,汽车后服务链达到最稳定阶段。集成服务企业与服务链其他合作企业互相信任,通过签订合同建立长期的战略合作关系,与其他企业的利益分配和风险分担模式已经固定,一般不发生变动。此时整个服务链的协同程度最高,而且稳定性也最好。

(5) 衰退期

在集成服务企业破产或者出现新的集成服务企业取代其核心企业地位时,这条服务链也就走到了生命的尽头,进入清算解体阶段。在服务链解体后,合作企业各自为政,又回到服务链还没形成时的混乱状态。

汽车后服务链以初创期为起点,逐步进入发展期、成熟期、稳固期,然后因服务链解体或被新的服务链取代而进入衰退期,之后新的服务链又产生了。这是一个服务链生命周期的循环[227]。但是由于汽车后服务链在形成和发展的过程中,会存在很多不确定因素,有可能使汽车后服务链没经历所有的阶段,而在中途直接进入衰退期,这里用虚线表示没有完成一个循环而直接进入衰退期的情况,如图 7.1 所示。

汽车后服务链的生命周期与集成服务企业有着密切的关系,集成服务企业效率与汽车后服务链生命周期阶段(除衰退期外)呈同向变化。集成服务企业效率越高,汽车后服务链越成熟、稳定。这是因为集成服务企业是汽车后服务链的主导,也是核心企业,其效率的高低直接影响整个服务链的形成和发展。图 7.2 中集成服务企业的效率受到需求、资金和技术三个因素的影响。

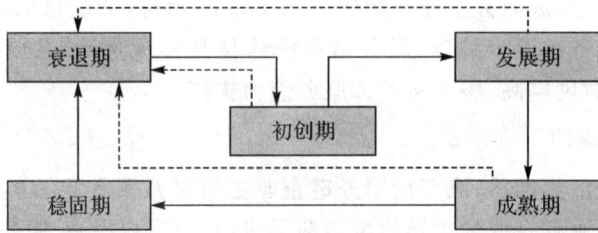

图 7.1　汽车后服务链生命周期阶段

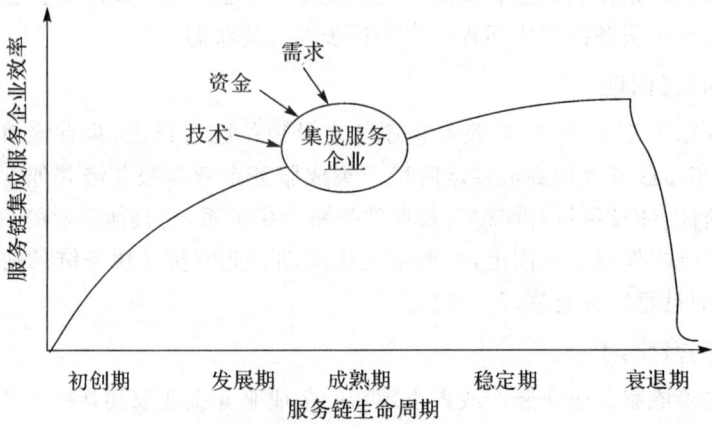

图 7.2　服务链生命周期与集成服务企业效率

　　汽车后服务链处于不同的生命周期阶段,其协同程度是不同的,如图 7.3 所示。服务链建立的时间越长,服务链的协同程度越稳定,协同程度也越高。当服务链处于初创期和发展期时,服务链的协同程度较低,而且呈不稳定状态,但协同程度在逐步提高。当服务链进入成熟期和稳固期时,其协同程度提高,而且整体较稳定[228]。进入衰退期时,服务链的协同程度从最高点快速下降,趋近于 0。本书主要研究处于成熟期阶段的汽车后服务链的协同性问题。

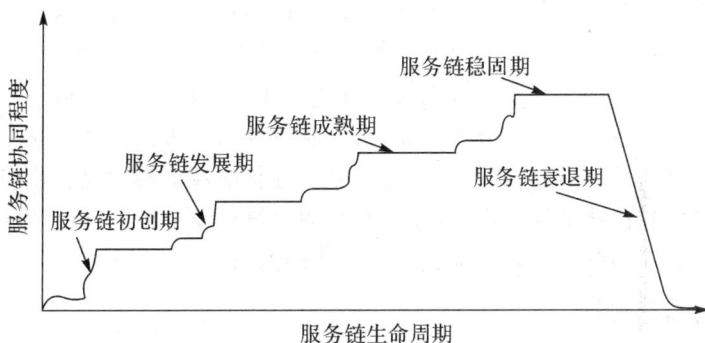

图 7.3　服务链生命周期与服务链协同程度关系

7.1.3　汽车后服务链协同要素分析

汽车后服务链的整体协同比企业内部协同和企业间协同的难度更大，也更复杂。服务链涉及多家企业主体，每个企业内部又有众多部门，企业间形成一个复杂的关系网。同时，企业不同的组织结构、不同的管理风格和文化、不同的软件系统等都会对汽车后服务链产生影响[229-230]。汽车后服务链协同的影响因素很多，本书从战略协同、业务协同、信息协同和客户维系四个方面进行分析。

(1)战略协同

汽车后服务链涉及多家企业，各个企业有其自身的利益和目标，而想要将这些企业协同一致，一个前提条件就是要有共同的目标，这就是战略协同。企业想要在激烈的竞争中生存和发展，单独发展会困难重重，这就需要选择自己的合作伙伴。汽车后服务链实质上是多个合作企业集合在一起，形成的一个长期、稳定、互信的战略联盟。市场竞争逐渐激烈使得建立企业战略联盟的需求变得更加迫切，但汽车后服务链上各个合作企业追求自身利益最大化往往会破坏整个服务链的战略联盟关系。为了稳固和加强服务链合作企业的合作关系，就需要进行协同，而且首先要进行战略协同。

(2)业务协同

业务协同就是在汽车后服务链合作企业之间实现各个环节的业务合

作,以整合各个合作企业的业务资源,便于快速响应客户的需求。由于汽车后服务链的链式结构,业务协同的主要服务链成员为集成服务企业、一级供应商和二级供应商,形成三者之间的链式业务流程协同,还包括以集成服务企业为核心的,与专门化服务企业、辅助企业及辅助机构的链式业务流程协同等。汽车后服务链的业务协同要建立标准化的规范和达成企业间部门的配合,实现各种技术的同步化,使汽车后服务链企业形成上下一致的业务管理运营,而不是单独企业内部或两家企业间的协同。

(3)信息协同

与企业间协同类似,汽车后服务链协同中的关键因素之一也是信息协同。企业间信息协同主要针对两家企业间如何进行信息共享,而汽车后服务链中的信息协同会涉及多个经济利益主体,而且要保证信息传递和共享的高质量和高效率。与企业间信息协同所不同的是,汽车后服务链信息协同要关注的是整体服务链的信息传递和共享,不是简单的端对端,而是多个端口的集合。集成服务企业需要建立一套完善的信息共享标准及运行机制,以实现汽车后服务链的信息共享。

(4)客户维系

客户需求是企业经营中的关键性问题,客户需求的多样性会使卖方市场也多有变化。更多地了解客户和市场,是企业在竞争中战胜对手的法宝。汽车后服务链由于存在链式的结构关系,会存在多个不同客户。二级供应商为一级供应商提供产品和服务,一级供应商就是二级供应商的客户;一级供应商为集成服务企业提供产品和服务,集成服务企业就是一级供应商的客户;最终消费者购买集成服务企业提供的产品和服务,最终消费者就是集成服务企业的客户。当然,汽车后服务链还存在其他客户关系,在此处就不一一列举。客户维系这一协同影响因素中的客户特指最终消费者。这是因为对于整个汽车后服务链来说,不管是集成服务企业或专门化企业,还是一级供应商或二级供应商,其提供产品和服务的最终目的都是要为最终消费者所用。因此,本书省略了汽车后服务链中的其他客户关系,而只分析最终消费者这一个客户对整个服务链的影响。

7.2　服务链协同性评价指标体系

汽车后服务链协同性评价指标体系如图 7.4 所示。

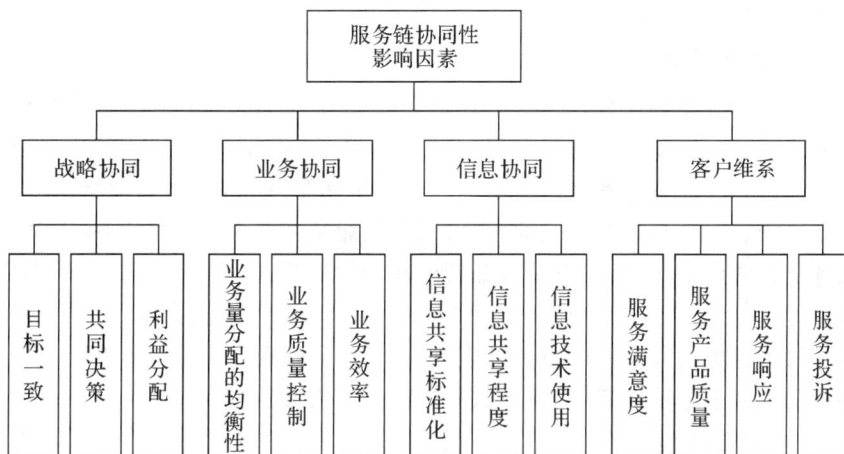

图 7.4　汽车后服务链协同性评价指标体系

7.2.1　战略协同

汽车后服务链的战略协同与企业间的战略协同有所不同,企业间的战略协同一般涉及两个经济主体,而汽车后服务链的战略协同则涉及多个企业及机构,更为复杂和困难。本书主要从目标一致、共同决策和利益分配三个方面进行分析。

(1)目标一致

汽车后服务链的战略协同中,首先要解决的问题是目标一致。集成服务企业、专门化服务企业、一级供应商、二级供应商、辅助机构和辅助组织都有自己的经营战略目标,但作为一个服务链必须有一个共同的总体目标,才能达到服务链的整体协同。汽车后服务链的目标一致问题是一个反向传递的过程。集成服务企业从客户处收集信息,根据市场和客户的需求得到服务链的目标,然后以集成服务企业为主导,将服务链目标传递给专门化服务企业、一级供应商,再由一级供应商传递给二级供应商、辅助机构和辅助组织。集成服务企业也可以将服务链目标直接传递给二级供应商、辅助机构和辅助组织。专门化服务企业、一级供应商应按照集成服务企业主导的服务链目标,设定自己的战略目标,再将服务链目标继续传递下去。这样整体服务链中的相关企业就会形成共同的目标,而这一目标是与市场、客户多样化的需求相适应的。

(2)共同决策

汽车后服务链在目标一致的基础上,由集成服务企业作为主导,对整个服务链的重大事项进行共同决策,这些重大事项多为中长期战略等。汽车后服务链如何决策根本上是由市场和客户需求所决定的,而与市场及客户联系最密切的是集成服务企业,集成服务企业从客户那里收集信息,与其他服务链企业信息共享,在整个服务链中起到重要的作用,这与目标一致的情况相同。因此,在汽车后服务链共同决策中,集成服务企业也处于主导地位。服务链中的其他企业发挥其应有的作用,同时要争取自身的利益,在与集成服务企业不断博弈中,达成服务链的共同决策。

(3)利益分配

汽车后服务链的利益分配也是建立在集成服务企业主导的模式下,但是由于汽车后服务链处于不同的生命周期阶段,其对利益分配会产生不同的结果。在汽车后服务链的初创期或发展期,由于集成服务企业的主导地位得不到保障,供应商在利益分配中会起到重要的作用。供应商处于市场垄断地位,对服务链的利益分配有话语权,占据主动地位,获得服务链整体利益的大部分。而处于成熟期或稳固期阶段时,集成服务企业逐渐强大起来,成为汽车后服务链的主导,此时由集成服务企业对汽车后服务链进行利益分配,集成服务企业直接分配给一级供应商,而一级供应商根据集成服务企业的分配,再进一步分配给二级供应商。这样一级级地分配下去,就形成了整个服务链的利益分配模式。到了衰退期阶段,由于汽车后服务链面临解体,利益基本为零或负数,也就不存在利益分配的问题。本书提到的利益分配是以集成服务企业为主导的模式,即汽车后服务链处于成熟期或稳固期。

7.2.2　业务协同

汽车后服务链企业之间的业务与联系的范围不断扩大,服务链企业的业务交叉,且业务不是局限于一个企业,而是向外延伸,与其他企业的业务相融合,实现跨企业的链式业务协同。

(1)业务量分配

在汽车后服务链的协同企业中,如何衡量服务链的业务协同是一个难题。本书把业务量分配作为服务链业务协同的一个指标。业务量分配均衡是指在汽车后服务链中各企业间业务量分配合理。以集成服务企业与一级供应商、二级供应商这一简单的服务链为例,集成服务企业与一级供应商的业务量要均衡,集成服务企业对产品和服务的需求业务量应与一级供应商的供给业务量相当,一级供应商再将这一业务量传递给二级供应商,两者的业务量也要相当,如此传递下去,会形成整个服务链的业务量都处于相当的水平上,即汽车后服务链的业务量分配均衡。

(2)业务质量控制

由于业务协同涉及不同企业及不同部门,业务的质量很难保证。这时就需要有一家企业对汽车后服务链的业务质量进行控制。这一工作是由集成服务企业来承担的。集成服务企业作为汽车后服务链的核心企业,对业务质量承担直接责任。业务质量控制要建立以集成服务企业为主导的机制,主要是对与其进行业务协同的企业进行质量监控,集成服务企业通常派驻监控人员来保证业务质量得到有效的控制。

(3)业务效率

业务效率体现在业务完成的时间长短上。业务效率也是以集成服务企业为主导的,在为客户提供新服务的过程中,集成服务企业对协同业务的工作效率进行计量,以此评价汽车后服务链业务协同性,提高业务效率,有利于服务链整体提高劳动生产率和经济效益,也有利于各协同企业追求自身经济利益的最大化。

7.2.3　信息协同

汽车后服务链的信息协同是服务链多个企业间的信息协同,协同企业既有分工又有合作,在信息传递和共享的基础上,才能使整个服务链的运行正常有序。只有确保信息传递和共享的高质量,才能形成真正意义上的以客户需求为主导的汽车后服务链。用于信息协同的软件众多,如集成服务企业与一级供应商之间的电子订货系统(EOS)、企业资源计划系统(ERP)、办公系统,以及集成服务企业针对客户的统一呼叫系统、救援系统、保险系统、维修系统等。这些系统形成的汽车后服务链的信息协同表现在信息共享标准化、信息共享程度和信息技术使用等方面。

(1)信息共享标准化

汽车后服务链涉及多个企业以及企业使用的不同系统,使服务链中的信息形式多样化,给服务链的信息传递和共享带来了一定的困难。只有对服务链中各企业提供的信息进行标准化处理,才能在汽车后服务链中及时、准确地传递和共享信息。信息共享标准化是服务链信息协同的一个基础。

(2)信息共享程度

汽车后服务链中每家合作企业都产生大量的信息,其中的部分信息与其他企业协同相关,因而需要在服务链中进行信息共享。信息共享程度是指汽车后服务链企业采用某一信息标准、信息技术对信息共享的普及度。一般汽车后服务链各企业,尤其是集成服务企业,会率先使用某一信息技术或软件,并要求其他合作企业采用相同的信息技术或软件。在此业务合作过程中,涉及的企业众多,各合作企业之前已有的信息技术或软件不尽相同,按照集成服务企业的要求,采用相同的信息技术或软件进行信息共享和业务协同处理比较困难。其他合作企业会采取其他手段,如信息报送等进行信息共享,或者部分企业为节约成本而不进行信息共享。所以本书对服务链各企业信息共享程度进行研究是非常有必要的,也是评价信息协同的一个重要指标。

(3)信息技术使用

汽车后服务链信息协同应用了大量的信息协同技术,总体而言,包括计算机技术、信息管理和信息系统、互联网技术等;具体来说,包括上文所提到的 EOS、ERP 等软件系统。服务链协同企业现有的信息技术使用程度越高,信息传递和共享的意愿和能力就越强。而且服务链协同企业应用信息协同的信息系统数量越多,信息共享的能力就越强。

7.2.4　客户维系

前三个方面都是描述汽车后内服务链的,只有客户维系引入客户这一需求方描述外服务链。客户维系主要是汽车后服务链中集成服务企业与客户之间的关系维系。客户维系对整个服务链具有十分重要的意义。汽车后服务市场的竞争愈加激烈,保有现有客户并争取新客户,才能提高整个服务链的经济利益,使服务链协同企业处于不败之地。汽车后服务链的客户维系从服务满意度、服务产品质量、服务响应和服务投诉四个方面来分析。

(1)服务满意度

服务满意度是指客户对集成服务企业所提供产品或服务的行为具有愉悦感觉的程度。汽车后服务链要在市场获得竞争优势,就必须倾听客户的心声,使其最终产品和服务能适应客户的需求。在整个服务链中,集成服务企业是唯一与客户直接联系的企业主体,因此本书的客户满意度是由集成服务企业做出的。客户满意度是客户将集成服务企业提供产品或服务的预期与实际结果相对比,两者越一致,客户越容易感到高兴和满足,是一种客户的心理反应。而汽车后服务链协同性越好,提供的产品和服务越容易使客户满意,即客户满意度越高,所以两者之间是同向变化的关系。

(2)服务产品质量

汽车后服务链所提供的最终产品和服务是由集成服务企业提供给客户的,最终产品和服务就是反映产品质量的指标,但最终产品和服务不仅需要集成服务企业自身的努力,还需要一级供应商、二级供应商、专门化服务企业、辅助企业和辅助机构等的共同努力。其中如汽车配件等,也是可以计量产品合格率的。本书的产品综合合格率是指集成服务企业为客户提供的最终产品和服务的合格率,这一合格率也包含如汽车配件合格率等中间产品和服务的质量情况,是一个加权平均值。

(3)服务响应

客户和市场的需求是多变的,当需求变化时,汽车后服务链也需要立即做出调整,这一调整的速度就是汽车后服务链的响应速度。当汽车后服务链对需求变化做出响应时,是按照外服务链反向传递的,由客户传递到集成服务企业,集成服务企业做出调整后影响一级供应商,一级供应商据此做出调整,这一调整影响二级供应商,二级供应商再进一步调整。汽车后服务链的其他协同企业也是按照这一规律,对客户和市场需求做出响应的。当整个服务链根据客户和市场需求调整后,再反馈给客户这一过程所需的时间就是服务响应速度。

(4)服务投诉

服务投诉是客户对汽车后服务链所提供的最终产品和服务不满意,并且以书面或口头的形式对集成服务企业提出的异议、抗议、索赔和要求解决问题等行为。投诉率是投诉次数占全部产品和服务销售总数的百分比。由于在整个服务链中,只有集成服务企业是直接面对客户的,投诉针对的是集成服务企业,但产品和服务并不是集成服务企业一家作用的结果,而是整个服务链共同作用的结束。本书采用客户投诉率来反映汽车后服务链产品和服务的投诉情况。

7.3 汽车后服务链协同性评价度量及评价模型

7.3.1 协同性评价度量

7.3.1.1 服务链战略协同性度量

(1)目标一致

汽车后服务链上的企业之间的目标是否一致,决定了其经营行为及企业间协同的内生动力问题,也必然影响整个服务链的协同关系和协同效应。汽车后服务链第 i 个企业与第 j 个企业目标一致(C_{l_1})的协同影响力矩阵 $\varepsilon = [S_i, S_j]_{n \times n} = (D_{ij}^{l_1})_{n \times n}$。

$$\varepsilon = \begin{bmatrix} D_{11}^{l_1} & D_{12}^{l_1} & \cdots & D_{1j}^{l_1} & \cdots & D_{1n}^{l_1} \\ D_{21}^{l_1} & D_{22}^{l_1} & \cdots & D_{2j}^{l_1} & \cdots & D_{2n}^{l_1} \\ \vdots & \vdots & & \vdots & & \vdots \\ D_{i1}^{l_1} & D_{i2}^{l_1} & \cdots & D_{ij}^{l_1} & \cdots & D_{in}^{l_1} \\ \vdots & \vdots & & \vdots & & \vdots \\ D_{n1}^{l_1} & D_{n2}^{l_1} & \cdots & D_{nj}^{l_1} & \cdots & D_{nn}^{l_1} \end{bmatrix} \quad (7.1)$$

$$D_{ij}^{l_1} = \begin{cases} 1 & \text{企业 } S_i \text{ 与企业 } S_j \text{ 目标一致} \\ 0 & \text{否则} \end{cases} \quad (i \neq j) \quad (7.2)$$

$D_{ij}^{l_1}$ 或 $D_{ji}^{l_1}$ 表示汽车后服务链第 i 个企业与第 j 个企业目标一致,且处于协同状态,可知 $D_{ij}^{l_1} = D_{ji}^{l_1}$,因此服务链各企业目标一致的协同影响力矩阵 $D_{ij}^{l_1}$ 为对称矩阵。当 $S_i = S_j$ 时,$D_{ii}^{l_1}$ 是矩阵对角线 $D_{ii}^{l_1}$,即第 i 个企业自身目标一致;由于企业组织结构设计就是要求公司整体目标与企业内部各部门的目标一致,因此 $D_{ii}^{l_1}$ 为 1,即视同于内部协同。

若汽车后服务链上企业与同一链上的其他企业参与协同运行,$\lambda(i,j)$ 为企业 S_i 与其他有业务关联的企业 S_j 的协同轨迹上的一个节点,所有合作企业总数为 k,则 S_i 服务链协同轨迹上的节点集合为 $\lambda = [(S_i,S_1),(S_i,S_2),\cdots,(S_i,S_j),\cdots,(S_i,S_k)]$,$k \leqslant n$。若 S_i 与其他有业务关联的企业 S_j 全部参与协同并且该企业协同矩阵的 i 行或 j 列的元素 $D_{ij}^{l_1}$ 皆为 1,则该服务链处于全协同发生状态;否则,该服务链处于非全协同发生状态。

设 $Y_i^{l_1}$ 为服务链上企业 S_i 与其他有业务关联的企业 S_j 的目标一致协同数,$Y_i^{l_1} = \sum_{j=1}^{n} D_{ij}^{l_1}$,$n$ 为企业数,决定该汽车后服务链的协同轨迹上的节点的协同熵为

$$C_{l_1}(S_i) = -\frac{Y_i^{l_1}}{n} \log \frac{Y_i^{l_1}}{n} \tag{7.3}$$

目标一致的协同熵 C_{l_1} 为

$$C_{l_1} = -\sum_{i=1}^{n} \frac{Y_i^{l_1}}{n} \log \frac{Y_i^{l_1}}{n} \tag{7.4}$$

(2)共同决策

汽车后服务链第 i 个企业与第 j 个企业共同决策(C_{l_2})的协同影响力矩阵 $\varepsilon = [S_i, S_j]_{n \times n} = (D_{ij}^{l_2})_{n \times n}$。

$$\varepsilon = \begin{bmatrix} D_{11}^{l_2} & D_{12}^{l_2} & \cdots & D_{1j}^{l_2} & \cdots & D_{1n}^{l_2} \\ D_{21}^{l_2} & D_{22}^{l_2} & \cdots & D_{2j}^{l_2} & \cdots & D_{2n}^{l_2} \\ \vdots & \vdots & & \vdots & & \vdots \\ D_{i1}^{l_2} & D_{i2}^{l_2} & \cdots & D_{ij}^{l_2} & \cdots & D_{in}^{l_2} \\ \vdots & \vdots & & \vdots & & \vdots \\ D_{n1}^{l_2} & D_{n2}^{l_2} & \cdots & D_{nj}^{l_2} & \cdots & D_{nm}^{l_2} \end{bmatrix} \tag{7.5}$$

$$D_{ij}^{l_2} = \begin{cases} 1 & \text{企业 } S_i \text{ 与企业 } S_j \text{ 共同决策顺畅且协同} \\ 0 & \text{否则} \end{cases} \quad (i \neq j) \tag{7.6}$$

$D_{ij}^{l_2}$ 或 $D_{ji}^{l_2}$ 表示汽车后服务链第 i 个企业与第 j 个企业共同决策顺畅,

且处于协同状态,可知 $D_{ij}^{l_2} = D_{ji}^{l_2}$,因此服务链各企业共同决策协同影响力矩阵 $D_{ij}^{l_2}$ 为对称矩阵。当 $S_i = S_j$ 时,$D_{ij}^{l_2}$ 是矩阵对角线 $D_{ii}^{l_2}$,即第 i 个企业自身共同决策;由于企业组织结构设计就是要求公司整体共同决策与企业内部各部门的共同决策顺畅,因此 $D_{ii}^{l_2}$ 为 1,即视同于内部协同。

若汽车后服务链上企业与同一链上的企业参与协同运行,$\lambda(i,j)$ 为企业 S_i 与其他有业务关联的企业 S_j 的协同轨迹上的一个节点,所有合作企业总数为 k,则 S_i 服务链协同轨迹上的节点集合为 $\lambda = [(S_i,S_1),(S_i,S_2),\cdots,(S_i,S_j),\cdots,(S_i,S_k)], k \leqslant n$。若 S_i 与其他有业务关联的企业 S_j 全部参与协同并且该企业协同矩阵的 i 行或 j 列的元素 $D_{ij}^{l_2}$ 皆为 1,则该服务链处于全协同发生状态;否则,该服务链处于非全协同发生状态。

设 $Y_i^{l_2}$ 为服务链上企业 S_i 与其他有业务关联的企业 S_j 的共同决策协同数,$Y_i^{l_2} = \sum_{j=1}^{n} D_{ij}^{l_2}$,$n$ 为企业数,决定该汽车后服务链的协同轨迹上的节点的协同熵为

$$C_{l_2}(S_i) = -\frac{Y_i^{l_2}}{n} \log \frac{Y_i^{l_2}}{n} \tag{7.7}$$

共同决策的协同熵 C_{l_2} 为

$$C_{l_2} = -\sum_{i=1}^{n} \frac{Y_i^{l_2}}{n} \log \frac{Y_i^{l_2}}{n} \tag{7.8}$$

(3) 利益分配

汽车后服务链上的企业之间的利益分配是否合理,决定了服务链上各企业的经营策略及合作,也必然影响汽车后服务链的协同关系和协同效应。汽车后服务链上第 i 个企业与第 j 个企业利益分配(C_{l_3})的协同影响力矩阵 $\varepsilon = [S_i, S_j]_{n \times n} = (D_{ij}^{l_3})_{n \times n}$。

$$\varepsilon = \begin{bmatrix} D_{11}^{l_3} & D_{12}^{l_3} & \cdots & D_{1j}^{l_3} & \cdots & D_{1n}^{l_3} \\ D_{21}^{l_3} & D_{22}^{l_3} & \cdots & D_{2j}^{l_3} & \cdots & D_{2n}^{l_3} \\ \vdots & \vdots & & \vdots & & \vdots \\ D_{i1}^{l_3} & D_{i2}^{l_3} & \cdots & D_{ij}^{l_3} & \cdots & D_{in}^{l_3} \\ \vdots & \vdots & & \vdots & & \vdots \\ D_{n1}^{l_3} & D_{n2}^{l_3} & \cdots & D_{nj}^{l_3} & \cdots & D_{nn}^{l_3} \end{bmatrix} \tag{7.9}$$

$$D_{ij}^{l_3} = \begin{cases} 1 & \text{企业 } S_i \text{ 与企业 } S_j \text{ 利益分配合理且协同} \\ 0 & \text{否则} \end{cases} \quad (i \neq j) \qquad (7.10)$$

$D_{ij}^{l_3}$ 或 $D_{ji}^{l_3}$ 表示汽车后服务链第 i 个企业与第 j 个企业利益分配合理，且处于协同状态，可知 $D_{ij}^{l_3} = D_{ji}^{l_3}$，因此服务链各企业利益分配协同影响力矩阵 $D_{ij}^{l_3}$ 为对称矩阵。当 $S_i = S_j$ 时，$D_{ij}^{l_3}$ 是矩阵对角线 $D_{ii}^{l_3}$，即第 i 个企业自身利益分配合理；由于企业组织结构设计就是要求公司整体利益与企业内部各部门的利益分配合理，因此 $D_{ii}^{l_3}$ 为 1，即视同于内部协同。

若汽车后服务链上企业与同一链上的企业参与协同运行，$\lambda(i,j)$ 为企业 S_i 与其他有业务关联的企业 S_j 的协同轨迹上的一个节点，所有合作企业总数为 k，则 S_i 服务链协同轨迹上的节点集合为 $\lambda = [(S_i, S_1), (S_i, S_2), \cdots, (S_i, S_j), \cdots, (S_i, S_k)], k \leqslant n$。若 S_i 与其他有业务关联的企业 S_j 全部参与协同并且该企业协同矩阵的 i 行或 j 列的元素 $D_{ij}^{l_3}$ 皆为 1，则该服务链处于全协同发生状态；否则，该服务链处于非全协同发生状态。

设 $Y_i^{l_3}$ 为服务链上企业 S_i 与其他有业务关联的企业的利益分配协同数，$Y_i^{l_3} = \sum_{j=1}^{n} D_{ij}^{l_3}$，$n$ 为企业数，决定该汽车后服务链的协同轨迹上的节点的协同熵为

$$C_{l_3}(S_i) = -\frac{Y_i^{l_3}}{n} \log \frac{Y_i^{l_3}}{n} \qquad (7.11)$$

利益分配的协同熵 C_{l_3} 为

$$C_{l_3} = -\sum_{i=1}^{n} \frac{Y_i^{l_3}}{n} \log \frac{Y_i^{l_3}}{n} \qquad (7.12)$$

7.3.1.2　服务链业务协同性度量

(1)业务量分配

汽车后服务链第 i 个企业与第 j 个企业业务量分配（C_{l_4}）的协同影响力矩阵 $\varepsilon = [S_i, S_j]_{n \times n} = (D_{ij}^{l_4})_{n \times n}$。

$$\varepsilon = \begin{bmatrix} D_{11}^{l_4} & D_{12}^{l_4} & \cdots & D_{1j}^{l_4} & \cdots & D_{1n}^{l_4} \\ D_{21}^{l_4} & D_{22}^{l_4} & \cdots & D_{2j}^{l_4} & \cdots & D_{2n}^{l_4} \\ \vdots & \vdots & & \vdots & & \vdots \\ D_{i1}^{l_4} & D_{i2}^{l_4} & \cdots & D_{ij}^{l_4} & \cdots & D_{in}^{l_4} \\ \vdots & \vdots & & \vdots & & \vdots \\ D_{n1}^{l_4} & D_{n2}^{l_4} & \cdots & D_{nj}^{l_4} & \cdots & D_{m}^{l_4} \end{bmatrix} \tag{7.13}$$

$$D_{ij}^{l_4} = \begin{cases} 1 & \text{企业 } S_i \text{ 与企业 } S_j \text{ 业务量分配均衡且协同} \\ 0 & \text{否则} \end{cases} \quad (i \neq j) \tag{7.14}$$

$D_{ij}^{l_4}$ 或 $D_{ji}^{l_4}$ 表示汽车后服务链第 i 个企业与第 j 个企业业务量分配均衡,且处于协同状态,可知 $D_{ij}^{l_4} = D_{ji}^{l_4}$,因此服务链各企业业务量分配的协同影响力矩阵 $D_{ij}^{l_4}$ 为对称矩阵。当 $S_i = S_j$ 时,$D_{ii}^{l_4}$ 是矩阵对角线 $D_{ii}^{l_4}$,即第 i 个企业自身业务量分配均衡;由于汽车后服务企业组织设计就是要求公司整体业务量与企业内部各部门的业务量分配均衡,因此 $D_{ii}^{l_4}$ 为 1,即视同于内部协同。

若汽车后服务链上企业与同一链上的企业参与协同运行,$\lambda(i,j)$ 为企业 S_i 与其他有业务关联的企业 S_j 的协同轨迹上的一个节点,所有合作企业总数为 k,则 S_i 服务链协同轨迹上的节点集合为 $\lambda = [(S_i, S_1),(S_i, S_2),\cdots,(S_i, S_j),\cdots,(S_i, S_k)], k \leqslant n$。若 S_i 与其他有业务关联的企业 S_j 全部参与协同并且该企业协同矩阵的 i 行或 j 列的元素 $D_{ij}^{l_4}$ 皆为 1,则该服务链处于全协同发生状态;否则,该服务链处于非全协同发生状态。

设 $Y_i^{l_4}$ 为服务链上企业 S_i 与其他有业务关联的企业 S_j 的业务量分配协同数,$Y_i^{l_4} = \sum_{j=1}^{n} D_{ij}^{l_4}$,$n$ 为企业数,决定该汽车后服务链的协同轨迹上的节点的协同熵为

$$C_{l_4}(S_i) = -\frac{Y_i^{l_4}}{n} \log \frac{Y_i^{l_4}}{n} \tag{7.15}$$

业务量分配的协同熵 C_{l_4} 为

$$C_{l_4} = -\sum_{i=1}^{n} \frac{Y_i^{l_4}}{n} \log \frac{Y_i^{l_4}}{n} \tag{7.16}$$

(2)业务质量控制

汽车后服务链第 i 个企业与第 j 个企业业务质量控制(C_{l_5})的协同影

响力矩阵 $\varepsilon = [S_i, S_j]_{n \times n} = (B_{ij}^{l_5})_{n \times n}$。

$$\varepsilon = \begin{bmatrix} D_{11}^{l_5} & D_{12}^{l_5} & \cdots & D_{1j}^{l_5} & \cdots & D_{1n}^{l_5} \\ D_{21}^{l_5} & D_{22}^{l_5} & \cdots & D_{2j}^{l_5} & \cdots & D_{2n}^{l_5} \\ \vdots & \vdots & & \vdots & & \vdots \\ D_{i1}^{l_5} & D_{i2}^{l_5} & \cdots & D_{ij}^{l_5} & \cdots & D_{in}^{l_5} \\ \vdots & \vdots & & \vdots & & \vdots \\ D_{n1}^{l_5} & D_{n2}^{l_5} & \cdots & D_{nj}^{l_5} & \cdots & D_{nn}^{l_5} \end{bmatrix} \qquad (7.17)$$

$$D_{ij}^{l_5} = \begin{cases} 1 & \text{企业 } S_i \text{ 与企业 } S_j \text{ 业务质量控制合理且协同} \\ 0 & \text{否则} \end{cases} \quad (i \neq j) \quad (7.18)$$

$D_{ij}^{l_5}$ 或 $D_{ji}^{l_5}$ 表示汽车后服务链第 i 个企业与第 j 个企业业务质量控制合理，且处于协同状态，可知 $D_{ij}^{l_5} = D_{ji}^{l_5}$，因此服务链各企业业务质量控制的协同影响力矩阵 $D_{ij}^{l_5}$ 为对称矩阵。当 $S_i = S_j$ 时，$D_{ij}^{l_5}$ 是矩阵对角线 $D_{ii}^{l_5}$，即第 i 个企业自身业务质量控制合理；由于汽车后服务企业作为以服务为核心的企业，组织结构设计自身就要求内部业务质量控制较好，因此 $D_{ii}^{l_5}$ 为 1，即视同于内部协同。

若汽车后服务链上企业与同一链上的企业参与协同运行，$\lambda(i, j)$ 为企业 S_i 与其他有业务关联的企业 S_j 的协同轨迹上的一个节点，所有合作企业总数为 k，则 S_i 服务链协同轨迹上的节点集合为 $\lambda = [(S_i, S_1), (S_i, S_2), \cdots, (S_i, S_j), \cdots, (S_i, S_k)], k \leqslant n$。若 S_i 与其他有业务关联的企业 S_j 全部参与协同并且该企业协同矩阵的 i 行或 j 列的元素 $D_{ij}^{l_5}$ 皆为 1，则该服务链处于全协同发生状态；否则，该服务链处于非全协同发生状态。

设 $Y_i^{l_5}$ 为服务链上企业 S_i 与其他有业务关联的企业 S_j 的业务质量控制协同数，$Y_i^{l_5} = \sum_{j=1}^{n} D_{ij}^{l_5}$，$n$ 为企业数，决定该汽车后服务链的协同轨迹上的节点的协同熵为

$$C_{l_5}(S_i) = -\frac{Y_i^{l_5}}{n} \log \frac{Y_i^{l_5}}{n} \qquad (7.19)$$

业务质量控制的协同熵 C_{l_5} 为

$$C_{l_5} = -\sum_{i=1}^{n} \frac{Y_i^{l_5}}{n} \log \frac{Y_i^{l_5}}{n} \qquad (7.20)$$

(3) 业务效率

汽车后服务链第 i 个企业与第 j 个企业业务效率(C_{l_6})的协同影响力矩阵 $\varepsilon = [S_i, S_j]_{n \times n} = (D_{ij}^{l_6})_{n \times n}$ 。

$$\varepsilon = \begin{bmatrix} D_{11}^{l_6} & D_{12}^{l_6} & \cdots & D_{1j}^{l_6} & \cdots & D_{1n}^{l_6} \\ D_{21}^{l_6} & D_{22}^{l_6} & \cdots & D_{2j}^{l_6} & \cdots & D_{2n}^{l_6} \\ \vdots & \vdots & & \vdots & & \vdots \\ D_{i1}^{l_6} & D_{i2}^{l_6} & \cdots & D_{ij}^{l_6} & \cdots & D_{in}^{l_6} \\ \vdots & \vdots & & \vdots & & \vdots \\ D_{n1}^{l_6} & D_{n2}^{l_6} & \cdots & D_{nj}^{l_6} & \cdots & D_{nn}^{l_6} \end{bmatrix} \qquad (7.21)$$

$$D_{ij}^{l_6} = \begin{cases} 1 & \text{企业 } S_i \text{ 与企业 } S_j \text{ 业务效率良好且协同} \\ 0 & \text{否则} \end{cases} \quad (i \neq j) \qquad (7.22)$$

$D_{ij}^{l_6}$ 或 $D_{ji}^{l_6}$ 表示汽车后服务链第 i 个企业与第 j 个企业业务效率良好，且处于协同状态，可知 $D_{ij}^{l_6} = D_{ji}^{l_6}$ ，因此服务链各企业业务效率的协同影响力矩阵 $D_{ij}^{l_6}$ 为对称矩阵。当 $S_i = S_j$ 时， $D_{ij}^{l_6}$ 是矩阵对角线 $D_{ii}^{l_6}$ ，即第 i 个企业自身业务效率良好；由于汽车后服务企业组织结构设计就是要求公司整体业务效率与企业内部各部门的业务效率合理，因此 $D_{ii}^{l_6}$ 为 1，即视同于内部协同。

若汽车后服务链上企业与同一链上的企业参与协同运行， $\lambda(i,j)$ 为企业 S_i 与其他有业务关联的企业 S_j 的协同轨迹上的一个节点，所有合作企业总数为 k ，则 S_i 服务链协同轨迹上的节点集合为 $\lambda = [(S_i, S_1), (S_i, S_2), \cdots, (S_i, S_j), \cdots, (S_i, S_k)]$ ， $k \leqslant n$ ；若企业 S_i 与其他有业务关联的企业 S_j 全部参与协同并且该企业协同矩阵的 i 行或 j 列的元素 $D_{ij}^{l_6}$ 皆为 1，则该服务链处于全协同发生状态；否则，该服务链处于非全协同发生状态。

设 $Y_i^{l_6}$ 为服务链上企业 S_i 与其他合作企业的业务效率协同数， $Y_i^{l_6} = \sum_{j=1}^{n} D_{ij}^{l_6}$ ， n 为企业数，决定该汽车后服务链的协同轨迹上的节点的协同熵为

$$C_{l_6}(S_i) = -\frac{Y_i^{l_6}}{n} \log \frac{Y_i^{l_6}}{n} \qquad (7.23)$$

业务效率的协同熵 C_{l_6} 为

$$C_{l_6} = -\sum_{i=1}^{n} \frac{Y_i^{l_6}}{n} \log \frac{Y_i^{l_6}}{n} \qquad (7.24)$$

7.3.1.3　服务链信息协同性度量

(1)信息共享标准化

汽车后服务链第 i 个企业与第 j 个企业信息共享标准化(C_{l_7})的协同影响力矩阵 $\varepsilon = [S_i, S_j]_{n\times n} = (D_{ij}^{l_7})_{n\times n}$ 。

$$\varepsilon = \begin{bmatrix} D_{11}^{l_7} & D_{12}^{l_7} & \cdots & D_{1j}^{l_7} & \cdots & D_{1n}^{l_7} \\ D_{21}^{l_7} & D_{22}^{l_7} & \cdots & D_{2j}^{l_7} & \cdots & D_{2n}^{l_7} \\ \vdots & \vdots & & \vdots & & \vdots \\ D_{i1}^{l_7} & D_{i2}^{l_7} & \cdots & D_{ij}^{l_7} & \cdots & D_{in}^{l_7} \\ \vdots & \vdots & & \vdots & & \vdots \\ D_{n1}^{l_7} & D_{n2}^{l_7} & \cdots & D_{nj}^{l_7} & \cdots & D_{nn}^{l_7} \end{bmatrix} \qquad (7.25)$$

$$D_{ij}^{l_7} = \begin{cases} 1 & \text{企业 } S_i \text{ 与企业 } S_j \text{ 信息共享标准化且协同} \\ 0 & \text{否则} \end{cases}$$

$$(i \neq j) \qquad (7.26)$$

$D_{ij}^{l_7}$ 或 $D_{ji}^{l_7}$ 表示汽车后服务链第 i 个企业与第 j 个企业信息共享标准化,且处于协同状态,可知 $D_{ij}^{l_7} = D_{ji}^{l_7}$,因此服务链各企业信息共享标准化的协同影响力矩阵 $D_{ij}^{l_7}$ 为对称矩阵。当 $S_i = S_j$ 时, $D_{ij}^{l_7}$ 是矩阵对角线 $D_{ii}^{l_7}$,即为第 i 个企业自身信息标准化;由于汽车后服务企业一般信息标准化程度比较高,因此 $D_{ii}^{l_7}$ 为 1,即视同于内部协同。

若汽车后服务链上企业与同一链上的企业参与协同运行, $\lambda(i, j)$ 为企业 S_i 与其他有业务关联的企业 S_j 的协同轨迹上的一个节点,所有合作企业总数为 k ,则 S_i 服务链协同轨迹上的节点集合为 $\lambda = [(S_i, S_1), (S_i, S_2), \cdots, (S_i, S_j), \cdots, (S_i, S_k)], k \leqslant n$ 。若企业 S_i 与其他有业务关联的企业 S_j 全部参与协同并且该企业协同矩阵的 i 行或 j 列的元素 $D_{ij}^{l_7}$ 皆为 1,则该服务链处于全协同发生状态;否则,该服务链处于非全协同发生状态。

设 $Y_i^{l_7}$ 为服务链上企业 S_i 与其他有业务关联的企业的信息共享标准化协同数, $Y_i^{l_7} = \sum_{j=1}^{n} D_{ij}^{l_7}$,n 为企业数,决定该汽车后服务链的协同轨迹上的节点的协同熵为

$$C_{l_7}(S_i) = -\frac{Y_i^{l_7}}{n}\log\frac{Y_i^{l_7}}{n} \tag{7.27}$$

信息共享标准化的协同熵 C_{l_7} 为

$$C_{l_7} = -\sum_{i=1}^{n}\frac{Y_i^{l_7}}{n}\log\frac{Y_i^{l_7}}{n} \tag{7.28}$$

(2)信息共享程度

汽车后服务链第 i 个企业与第 j 个企业信息共享(C_{l_8})的协同影响力矩阵 $\varepsilon = [S_i, S_j]_{n\times n} = (B_{ij}^{l_8})_{n\times n}$。

$$\varepsilon = \begin{bmatrix} D_{11}^{l_8} & D_{12}^{l_8} & \cdots & D_{1j}^{l_8} & \cdots & D_{1n}^{l_8} \\ D_{21}^{l_8} & D_{22}^{l_8} & \cdots & D_{2j}^{l_8} & \cdots & D_{2n}^{l_8} \\ \vdots & \vdots & & \vdots & & \vdots \\ D_{i1}^{l_8} & D_{i2}^{l_8} & \cdots & D_{ij}^{l_8} & \cdots & D_{in}^{l_8} \\ \vdots & \vdots & & \vdots & & \vdots \\ D_{n1}^{l_8} & D_{n2}^{l_8} & \cdots & D_{nj}^{l_8} & \cdots & D_{nn}^{l_8} \end{bmatrix} \tag{7.29}$$

$$D_{ij}^{l_8} = \begin{cases} 1 & \text{企业 } S_i \text{ 与企业 } S_j \text{ 信息共享且协同} \\ 0 & \text{否则} \end{cases} \quad (i \neq j) \tag{7.30}$$

$D_{ij}^{l_8}$ 或 $D_{ji}^{l_8}$ 表示汽车后服务链第 i 个企业与第 j 个企业信息共享,且处于协同状态,可知 $D_{ij}^{l_8} = D_{ji}^{l_8}$,因此服务链各企业信息共享的协同影响力矩阵 $D_{ij}^{l_8}$ 为对称矩阵。当 $S_i = S_j$ 时,$D_{ii}^{l_8}$ 是矩阵对角线 $D_{ii}^{l_8}$,即第 i 个企业自身信息共享;由于汽车后服务企业组织结构设计就是要求公司内部信息共享,因此 $D_{ii}^{l_8}$ 为 1,即视同于内部协同。

若汽车后服务链上企业与同一链上的企业参与协同运行,$\lambda(i,j)$ 为企业 S_i 与其他有业务关联的企业 S_j 的协同轨迹上的一个节点,所有合作企业总数为 k,则 S_i 服务链协同轨迹上的节点集合为 $\lambda = [(S_i, S_1), (S_i, S_2), \cdots, (S_i, S_j), \cdots, (S_i, S_k)], k \leqslant n$。若企业 S_i 与其他有业务关联的企业 S_j 全部参与协同并且该企业协同矩阵的 i 行或 j 列的元素 $D_{ij}^{l_8}$ 皆为 1,则该服务链处于全协同发生状态;否则,该服务链处于非全协同发生状态。

设 $Y_i^{l_8}$ 为服务链上企业 S_i 与其他有业务关联的企业 S_j 的信息共享协同数,$Y_i^{l_8} = \sum_{j=1}^{n} D_{ij}^{l_8}$,$n$ 为企业数,决定该汽车后服务链的协同轨迹上的节

点的协同熵为

$$C_{l_8}(S_i) = -\frac{Y_i^{l_8}}{n}\log\frac{Y_i^{l_8}}{n} \tag{7.31}$$

信息共享的协同熵 C_{l_8} 为

$$C_{l_8} = -\sum_{i=1}^{n}\frac{Y_i^{l_8}}{n}\log\frac{Y_i^{l_8}}{n} \tag{7.32}$$

(3)信息技术使用

汽车后服务链第 i 个企业与第 j 个企业信息技术使用(C_{l_9})的协同影响力矩阵 $\varepsilon = [S_i, S_j]_{n\times n} = (D_{ij}^{l_9})_{n\times n}$ 。

$$\varepsilon = \begin{bmatrix} D_{11}^{l_9} & D_{12}^{l_9} & \cdots & D_{1j}^{l_9} & \cdots & D_{1n}^{l_9} \\ D_{21}^{l_9} & D_{22}^{l_9} & \cdots & D_{2j}^{l_9} & \cdots & D_{2n}^{l_9} \\ \vdots & \vdots & & \vdots & & \vdots \\ D_{i1}^{l_9} & D_{i2}^{l_9} & \cdots & D_{ij}^{l_9} & \cdots & D_{in}^{l_9} \\ \vdots & \vdots & & \vdots & & \vdots \\ D_{n1}^{l_9} & D_{n2}^{l_9} & \cdots & D_{nj}^{l_9} & \cdots & D_{nn}^{l_9} \end{bmatrix} \tag{7.33}$$

$$D_{ij}^{l_9} = \begin{cases} 1 & \text{企业 } S_i \text{ 与企业 } S_j \text{ 信息技术使用合理且协同} \\ 0 & \text{否则} \end{cases} \quad (i \neq j) \tag{7.34}$$

$D_{ij}^{l_9}$ 或 $D_{ji}^{l_9}$ 表示汽车后服务链第 i 个企业与第 j 个企业信息技术使用合理,且处于协同状态,可知 $D_{ij}^{l_9} = D_{ji}^{l_9}$,因此服务链各企业信息技术使用的协同影响力矩阵 $D_{ij}^{l_9}$ 为对称矩阵。当 $S_i = S_j$ 时, $D_{ij}^{l_9}$ 是矩阵对角线 $D_{ii}^{l_9}$,即第 i 个企业自身信息技术使用合理;由于汽车后服务企业组织结构设计就是要求公司整体信息技术使用与企业内部各部门的信息技术使用合理,因此 $D_{ii}^{l_9}$ 为 1,即视同于内部协同。

若汽车后服务链上企业与同一链上的企业参与协同运行, $\lambda(i,j)$ 为企业 S_i 与其他有业务关联的企业 S_j 的协同轨迹上的一个节点,所有合作企业总数为 k ,则 S_i 服务链协同轨迹上的节点集合为 $\lambda = [(S_i, S_1), (S_i, S_2), \cdots, (S_i, S_j), \cdots, (S_i, S_k)]$, $k \leqslant n$ 。企业若 S_i 与其他有业务关联的企业 S_j 全部参与协同并且该企业协同矩阵的 i 行或 j 列的元素 $D_{ij}^{l_9}$ 皆为 1,则该服务链处于全协同发生状态;否则,该服务链处于非全协同发生状态。

设 $Y_i^{l_9}$ 为服务链上企业 S_i 与其他合作企业的信息技术使用协同数,

$Y_i^{l_9} = \sum\limits_{j=1}^{n} D_{ij}^{l_9}$, n 为企业数,决定该汽车后服务链的协同轨迹上的节点的协同熵为

$$C_{l_9}(S_i) = -\frac{Y_i^{l_9}}{n}\log\frac{Y_i^{l_9}}{n} \tag{7.35}$$

信息技术使用的协同熵 C_{l_9} 为

$$C_{l_9} = -\sum\limits_{i=1}^{n}\frac{Y_i^{l_9}}{n}\log\frac{Y_i^{l_9}}{n} \tag{7.36}$$

7.3.1.4 服务链客户维系协同性度量

(1)服务满意度

客户满意度是汽车后服务链整体运营的总体反映,更是对与客户直接打交道的集成服务企业的整体评价,因此集成服务企业与客户间必然形成协同关系和协同效应。汽车后服务链集成服务企业与客户间服务满意度($C_{l_{10}}$)的协同影响力矩阵 $\varepsilon = [P_1, P_i]_{1\times n} = (D_{1i}^{l_{10}})_{1\times n}$

$$\varepsilon = \begin{bmatrix} D_{11}^{l_{10}} & D_{12}^{l_{10}} & \cdots & D_{1i}^{l_{10}} & \cdots & D_{1n}^{l_{10}} \end{bmatrix} \tag{7.37}$$

$$D_{1i}^{l_{10}} = \begin{cases} 1 & \text{第 } i \text{ 个客户对集成服务企业的服务满意且协同} \\ 0 & \text{否则} \end{cases} \quad (i \neq j) \tag{7.38}$$

$D_{1i}^{l_{10}}$ 表示第 i 个客户对汽车后服务链集成服务企业的服务满意,且处于协同状态,因此服务满意度的协同影响力矩阵 ε 为 $1\times n$ 的矩阵。若客户对汽车后服务链上集成服务企业的服务满意且处于协同状态,$\lambda(1,i)$ 为汽车后服务链集成服务企业与所有客户 P_i 的协同轨迹上的一个节点,客户总数为 k,则服务链上协同轨迹上的节点集合为 $\lambda = [(P_1, P_1), (P_1, P_2), \cdots, (P_1, P_i), \cdots, (P_1, P_k)], k \leqslant n$。若客户 P_i 对汽车后服务链集成服务企业的服务满意,该协同矩阵的 $D_{1i}^{l_{10}}$ 皆为 1,则该客户对服务链集成服务企业的服务满意度处于全协同发生状态;否则,该客户对服务链集成服务企业的服务满意度处于非全协同发生状态。

设 $Y_i^{l_{10}}$ 为客户对汽车后服务链集成服务企业的服务满意度协同数,

$Y_i^{l_{10}} = \sum\limits_{i=1}^{n} D_{1i}^{l_{10}}$, n 为客户数,那么决定服务满意的协同熵 $C_{l_{10}}$ 为

$$C_{l_{10}} = -\frac{Y^{l_{10}}}{n}\log\frac{Y^{l_{10}}}{n} \tag{7.39}$$

(2)服务产品质量

服务产品质量是保证客户满意的基础,更是汽车后服务链集成服务企

业对客户服务的保证,因此集成服务企业与客户间必然形成协同关系和协同效应。汽车后服务链集成服务企业与客户间服务产品质量($C_{l_{11}}$)的协同影响力矩阵 $\varepsilon = [P_1, P_i]_{1 \times n} = (D_{1i}^{l_{11}})_{1 \times n}$

$$\varepsilon = \begin{bmatrix} D_{11}^{l_{11}} & D_{12}^{l_{11}} & \cdots & D_{1i}^{l_{11}} & \cdots & D_{1i}^{l_{11}} \end{bmatrix} \qquad (7.40)$$

$$D_{1i}^{l_{11}} = \begin{cases} 1 & \text{第 } i \text{ 个客户对服务产品质量满意且协同} \\ 0 & \text{否则} \end{cases} \quad (i \neq j) \qquad (7.41)$$

$D_{1i}^{l_{11}}$ 表示第 i 个客户对汽车后服务链集成服务企业的服务产品质量满意且处于协同状态,因此服务产品质量的协同影响力矩阵 ε 为 $1 \times n$ 的矩阵。若客户对汽车后服务链上集成服务企业的服务产品质量满意,且处于协同状态,$\lambda(1, i)$ 为汽车后服务链集成服务企业与所有客户 P_i 的协同轨迹上的一个节点,客户总数为 k,则服务链上协同轨迹上的节点集合为 $\lambda = [(P_1, P_1), (P_1, P_2), \cdots, (P_1, P_i), \cdots, (P_1, P_k)]$,$k \leqslant n$。若客户 P_i 对汽车后服务链集成服务企业的服务产品质量满意,该协同矩阵的 $D_{1i}^{l_{11}}$ 皆为 1,则该客户对服务链集成服务企业的服务产品质量处于全协同发生状态;否则,该客户对服务链集成服务企业的服务产品质量处于非全协同发生状态。

设 $Y_i^{l_{11}}$ 为客户对汽车后服务链集成服务企业的服务产品质量协同数,$Y_i^{l_{11}} = \sum_{i=1}^{n} D_{1i}^{l_{11}}$,$n$ 为客户数,那么决定服务产品质量的协同熵 $C_{l_{11}}$ 为

$$C_{l_{11}} = -\frac{Y^{l_{11}}}{n} \log \frac{Y^{l_{11}}}{n} \qquad (7.42)$$

(3)服务响应

若设 $f_i^{l_{12}}$ 表示汽车后服务链集成服务企业对第 i 个客户的服务响应时间,$f^{l_{12}} = \sum_{i=1}^{n} f_i^{l_{12}}$ $(i = 1, 2, \cdots, n)$ 表示汽车后服务链集成服务企业对所有客户的服务响应时间;服务响应的协同熵 $C_{l_{12}}$ 为

$$C_{l_{12}} = -\sum_{i=1}^{n} \frac{f_i^{l_{12}}}{f^{l_{12}}} \log \frac{f_i^{l_{12}}}{f^{l_{12}}} \qquad (7.43)$$

式中,n 为客户数。

(4)服务投诉

若设 $f_i^{l_{13}}$ 表示第 i 个客户对汽车后服务链集成服务企业的服务投诉次数,$f^{l_{13}} = \sum_{i=1}^{n} f_i^{l_{13}}$ $(i = 1, 2, \cdots, n)$ 表示所有客户对汽车后服务链集成服务

企业的服务投诉总次数;服务投诉的协同熵 $C_{l_{13}}$ 为

$$C_{l_{13}} = -\sum_{i=1}^{n} \frac{f_i^{l_{13}}}{f^{l_{13}}} \log \frac{f_i^{l_{13}}}{f^{l_{13}}} \tag{7.44}$$

式中, n 为客户数。

7.3.2　服务链协同评价模型

汽车后服务链因涉及的因素非常多,其协同性评价非常复杂,参照第 4 章的评价方法,需要设计 BP 神经网络模型,并确定适合汽车后服务链协同性训练及仿真的核心参数。

(1) 输入节点的确定

根据第 7.2 节所建立的指标体系,汽车后服务链以目标一致、利益分配、共同决策、服务满意度、服务产品质量等共 13 个评价指标作为神经网络的输入节点,分别以 L_i 表示。

(2) 输出节点的确定

输出节点数定为 1,即汽车后服务链协同性评价结果。

(3) 隐含层节点的确定

根据公式(3.28)~(3.30),隐含层节点数分别为

$$n_1 = \sqrt{n+m} + a = \sqrt{13+1} + a \approx 3.74 + a, a \text{ 为 1~10 之间的整数} \tag{7.45}$$

$$n_1 = \frac{3\sqrt{nm}}{2} = \frac{3\sqrt{1 \times 13}}{2} \approx 5.41 \tag{7.46}$$

$$n_1 = \log_2 n = \log_2 13 \approx 3.70 \tag{7.47}$$

根据计算结果,隐含层节点数设置为 $n_1 \in [4, 14]$, n_1 为整数,对汽车后服务链协同性评价训练样本进行测试,本模型隐含层节点数选择为 13,以 H_i 表示。

7.4　汽车后服务链协同性训练与仿真

本书对一汽轿车、标致、丰田、宝马、福特、江铃、奥迪、大众等多个汽车品牌的 4S 店和华阳、思源、禾迪、锦云、康润等多个服务品牌的综合性服务企业共 14 家汽车后服务链企业进行调研。根据对 14 家汽车后服务链企业

的调研结果和所构建的汽车后服务链协同性评价指标体系,对这 14 个训练样本进行协同性评价度量,其数据如表 7.1 所示。

表 7.1　训练样本服务链协同熵数据

指标	样本						
	B_1	B_2	B_3	B_4	B_5	B_6	B_7
L_1	0.1874	0.6065	0.6065	0.2882	0.4213	0.4213	0.2882
L_2	0.1874	0.7177	0.5846	0.4432	0.5324	0.4432	0.4432
L_3	0.3748	0.7310	0.2882	0.5544	0.5544	0.3101	0.5029
L_4	0.4316	0.6360	0.5029	0.3101	0.4432	0.1551	0.2882
L_5	0.0000	0.5544	0.6882	0.5544	0.6360	0.5544	0.1551
L_6	0.3379	0.6360	0.4213	0.4432	0.5544	0.3101	0.3101
L_7	0.4884	0.5249	0.5324	0.4432	0.5544	0.4213	0.5324
L_8	0.4884	0.5544	0.3993	0.3101	0.5029	0.6367	0.4213
L_9	0.4515	0.6655	0.6065	0.4432	0.5544	0.3101	0.5029
L_{10}	0.1174	0.1174	0.1174	0.1174	0.1174	0.1505	0.1174
L_{11}	0.0660	0.1505	0.0660	0.1174	0.1505	0.1174	0.1505
L_{12}	0.5872	0.7452	0.6601	0.6694	0.6336	0.6871	0.5462
L_{13}	0.4515	0.3969	0.2764	0.4515	0.4515	0.2923	0.4515
评价结果	0.462	0.518	0.632	0.711	0.667	0.719	0.711
指标	样本						
	B_8	B_9	B_{10}	B_{11}	B_{12}	B_{13}	B_{14}
L_1	0.2882	0.4432	0.4432	0.6882	0.3101	0.4213	0.5544
L_2	0.5249	0.5249	0.2882	0.5846	0.4213	0.5029	0.4213
L_3	0.5544	0.4213	0.7177	0.6882	0.2882	0.6065	0.6360
L_4	0.2882	0.3101	0.6655	0.5029	0.4432	0.3101	0.5544
L_5	0.5544	0.4432	0.4213	0.5029	0.3993	0.6065	0.3101
L_6	0.4213	0.3101	0.3101	0.5249	0.3101	0.4432	0.4432
L_7	0.4213	0.3101	0.3101	0.1551	0.4432	0.3101	0.5029

续 表

指标	样本						
	B_8	B_9	B_{10}	B_{11}	B_{12}	B_{13}	B_{14}
L_8	0.2882	0.1551	0.7177	0.6949	0.5544	0.4213	0.2882
L_9	0.5544	0.4432	0.4432	0.1551	0.4213	0.4432	0.4432
L_{10}	0.1505	0.1174	0.0660	0.1174	0.0660	0.1174	0.0660
L_{11}	0.1174	0.1174	0.1174	0.0000	0.0660	0.1505	0.1174
L_{12}	0.6522	0.7397	0.7429	0.1781	0.7050	0.6819	0.5911
L_{13}	0.4392	0.4515	0.3010	0.2764	0.3010	0.4520	0.2764
评价结果	0.675	0.781	0.693	0.649	0.772	0.719	0.728

汽车后服务链协同性评价运用 Matlab 中的 Mapminmax（归一化）命令，使得输入数据都处在[−1,1]，所得结果如表 7.2 所示。

表 7.2　训练样本服务链协同熵标准化数据

指标	样本						
	B_1	B_2	B_3	B_4	B_5	B_6	B_7
L_1	−1.0000	0.6739	0.6739	−0.5976	−0.0659	−0.0659	−0.5976
L_2	−1.0000	1.0000	0.4980	−0.0352	0.3013	−0.0352	−0.0352
L_3	−0.6087	1.0000	−1.0000	0.2022	0.2022	−0.9009	−0.0302
L_4	0.0836	0.8844	0.3629	−0.3925	0.1290	−1.0000	−0.4785
L_5	−1.0000	0.6112	1.0000	0.6112	0.8485	0.6112	−0.5494
L_6	−0.8293	1.0000	−0.3179	−0.1832	0.4990	−1.0000	−1.0000
L_7	0.6697	0.8522	0.8901	0.4433	1.0000	0.3333	0.8901
L_8	0.1851	0.4195	−0.1317	−0.4488	0.2366	0.7121	−0.0537
L_9	0.1616	1.0000	0.7687	0.1290	0.5645	−0.3925	0.3629
L_{10}	0.2164	0.2164	0.2164	0.2164	0.2164	1.0000	0.2164
L_{11}	−0.1232	1.0000	−0.1232	0.5599	1.0000	0.5599	1.0000
L_{12}	0.4426	1.0000	0.6998	0.7327	0.6063	0.7950	0.2981
L_{13}	0.9945	0.3721	−1.0000	0.9945	0.9945	−0.8195	0.9945

续　表

样本	指标						
	B_8	B_9	B_{10}	B_{11}	B_{12}	B_{13}	B_{14}
L_1	−0.5976	0.0217	0.0217	1.0000	−0.5099	−0.0659	0.4657
L_2	0.2728	0.2728	−0.6200	0.4980	−0.1179	0.1900	−0.1179
L_3	0.2022	−0.3989	0.9396	0.8063	−1.0000	0.4376	0.5709
L_4	−0.4785	−0.3925	1.0000	0.3629	0.1290	−0.3925	0.5645
L_5	0.6112	0.2881	0.2243	0.4616	0.1606	0.7627	−0.0987
L_6	−0.3179	−1.0000	−1.0000	0.3179	−1.0000	−0.1832	−0.1832
L_7	0.3333	−0.2234	−0.2234	−1.0000	0.4433	−0.2234	0.7423
L_8	−0.5268	−1.0000	1.0000	0.9188	0.4195	−0.0537	−0.5268
L_9	0.5645	0.1290	0.1290	−1.0000	0.0430	0.1290	0.1290
L_{10}	1.0000	0.2164	−1.0000	0.2164	−1.0000	0.2164	−1.0000
L_{11}	0.5599	0.5599	0.5599	−1.0000	−0.1232	1.0000	0.5599
L_{12}	0.6721	0.9806	0.9917	−1.0000	0.8580	0.7767	0.4564
L_{13}	0.8544	0.9945	−0.7199	−1.0000	−0.7199	1.0000	−1.0000

对汽车后服务链协同性进行 BP 神经网络训练。将 $B_1 \sim B_{10}$ 作为训练样本，$B_{11} \sim B_{14}$ 作为测试样本，在 Matlab 中编写相关的 BP 人工神经网络程序后，将这 14 组样本数据导入 Matlab 中进行训练学习，训练过程如图 7.5 所示，进行 4 次训练学习后，训练效果如图 7.6 所示。通过网络对样本进行训练，可以得到网络训练预测输出及期望输出对比，如图 7.7 所示。训练的误差在第 3 次训练中达到最好，误差控制在 0.01，达到训练目标，训练误差变化如图 7.8 所示。基于协同熵的汽车后服务企业内部协同性 BP 人工神经网络评价模型已经建成，可以进行测试使用。

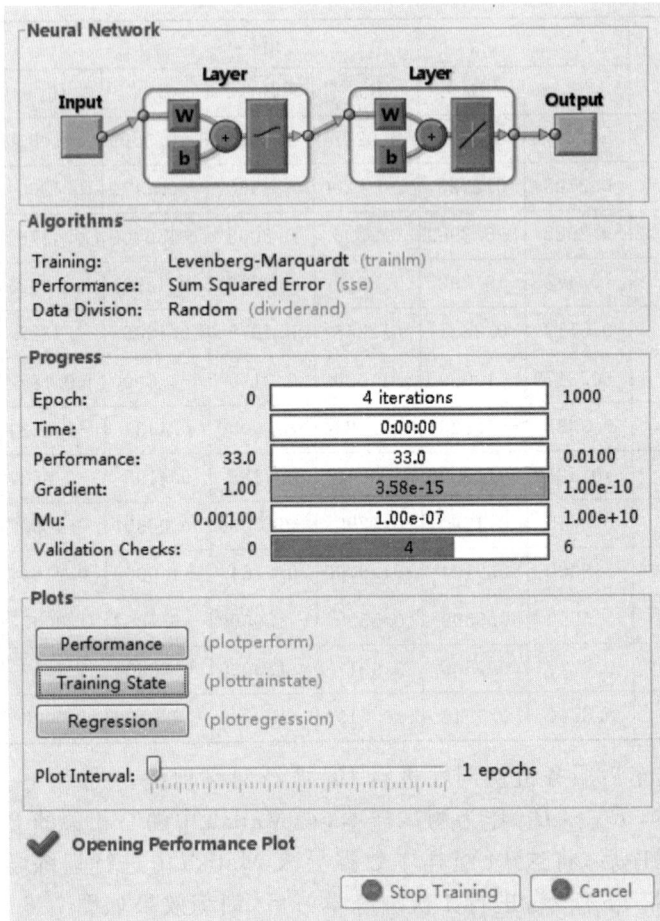

图 7.5　BP 网络训练过程

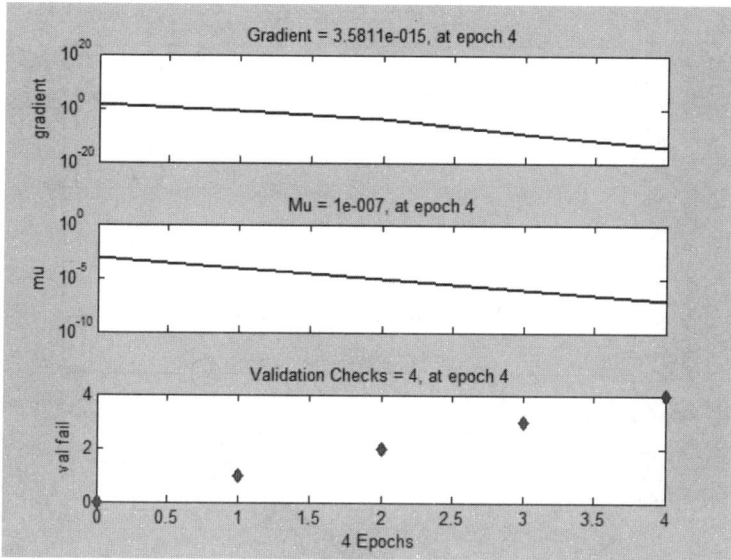

图 7.6　网络训练效果

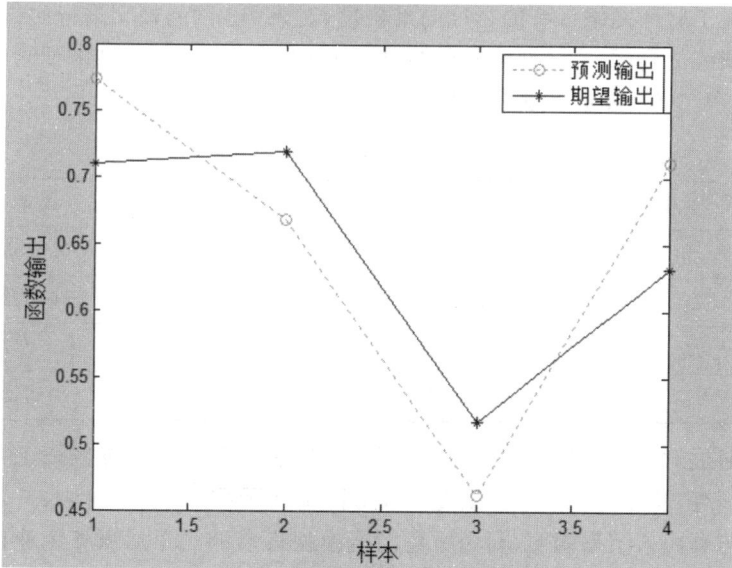

图 7.7　网络训练预测输出及期望输出对比

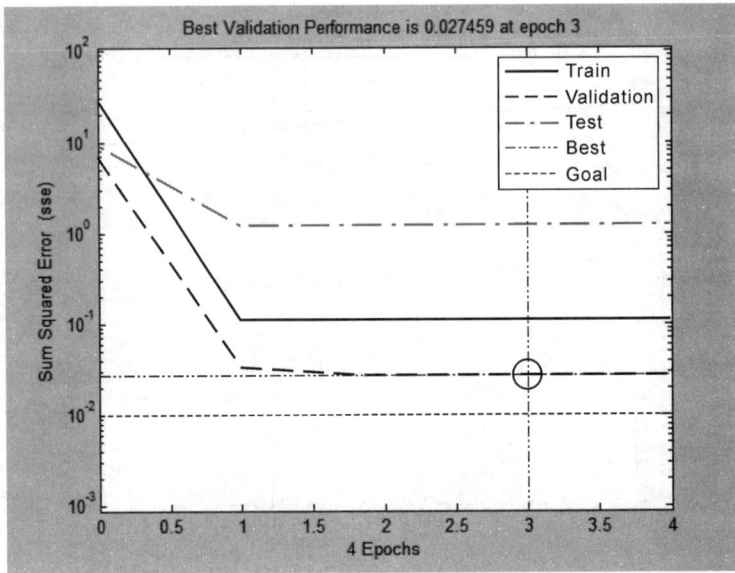

图 7.8　训练误差变化

　　为了验证网络训练的精度与准确度，对该 BP 网络模型进行测试，经过网络训练的测试，比较网络输出结果与实际结果，可以得出网络预测值及误差，如表 7.3 所示。预测误差较小，基本满足实际应用要求。

表 7.3　预测误差

样本	网络预测值	期望值	误差
B_{11}	0.7045	0.649	0.0553
B_{12}	0.7233	0.772	-0.0486
B_{13}	0.6618	0.719	-0.0575
B_{14}	0.6747	0.728	-0.0533

　　通过对 BP 网络模型的训练及测试，总体有效值达到 90％以上，BP 网络的训练、验证、测试、总体误差曲线如图 7.9 所示。

　　仿真模拟结果表明，利用所建网络模型得出的汽车后服务企业内部协同性评价结果与我们的期望值偏差小，达到期望精度。因此，用协同熵对汽车后服务链评价指标进行度量，并采用 BP 人工神经网络模型进行协同性

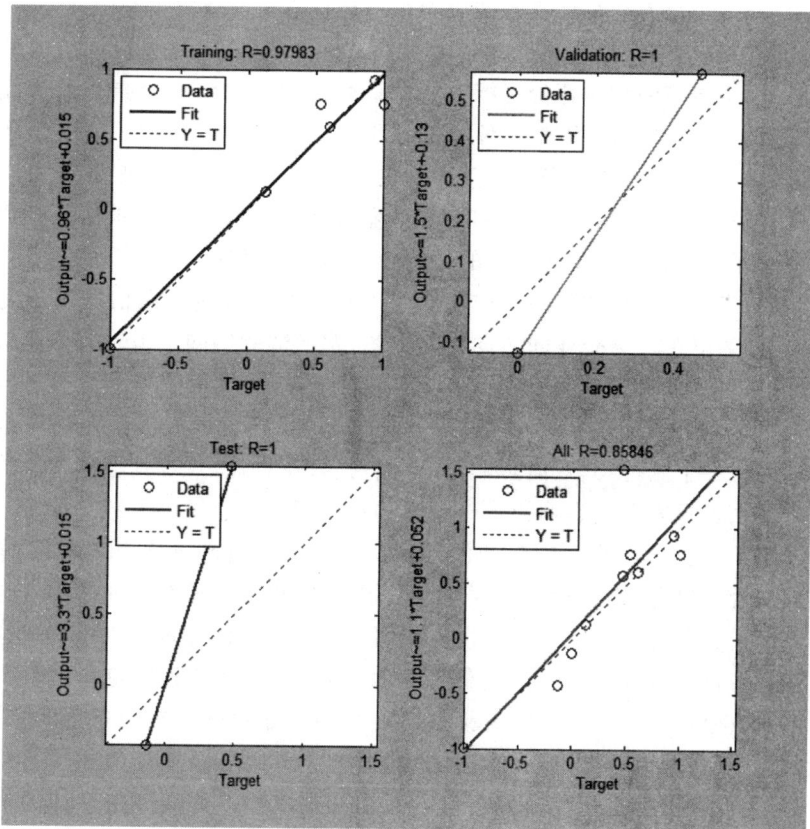

图 7.9　BP 网络的训练、验证、测试、总体误差曲线

的自适应、自学习评价，达到了比较好的协同性评价效果，具有较好的可行性。

7.5　本章小结

本章主要建立了汽车后服务链协同性评价指标体系，并采用第 4 章的评价方法对其进行了评价，具体内容有以下三个方面。

（1）对汽车后服务链类型、周期及协同性要素进行了分析；并从战略协同、业务协同、信息协同及客户维系四个方面构建了具有 13 个具体指标的评价指标体系,为汽车后服务链协同性进行科学评价奠定了基础。

(2)在对14家汽车后服务链上的各企业及相关客户进行调研的基础上,采用协同熵函数对评价指标进行协同性度量,并将13个指标的协同熵值作为输入值,进行BP神经网络训练及仿真;14个样本数据中,10个作为训练样本,4个作为测试样本,经过4次训练学习后,汽车后服务链协同性评价结果与期望值偏差小,达到期望精度;构建的汽车后服务链协同性评价模型及评价方法达到了比较好的评价效果,具有较好的应用价值。

(3)汽车后服务链的整体协同比企业内部协同和企业间协同的难度更大,也更为复杂。与企业间协同不同的是,服务链的协同不是一家企业与其合作企业的协同,而是每一家企业与其合作企业协同,而合作企业再与自己的合作企业协同,形成了"链"式的协同模式。虽然集成服务企业仍然是服务链的主导企业,但其只能影响自己的直接合作企业,对于其合作企业的合作方是难以形成直接影响的。这一影响只能间接地通过服务链一环环地传递过去。但企业本就存在不同的组织结构、不同的管理风格和文化、不同的软件系统,这种传递的影响力度会越来越小,难以形成整个链的协同。这就是汽车后服务链协同性最差的根本原因。服务链协同评价加入了客户这一主体。客户是服务链所有企业最终的服务对象,其满意程度将会对整个链上的所有企业产生影响。但直接面对客户的企业只有集成服务企业,其他企业无法直接与客户交流和沟通,只能通过集成服务企业进行间接的信息传递,因此客户维系也需要信息等方面协同的支持。而服务链整体的信息标准化和信息技术协同,能提高共享程度和传递的准确性,保证整个服务链的正常运行,形成真正意义上的以客户需求为导向的汽车后服务链。

参考文献

[1]Poole K. Seizing the potential of the service supply chain[J]. Supply Chain Management Review, 2003(7): 54-61.

[2] Papakiriakopoulos D, Pramatari K. Collaborative performance measurement in supply chain[J]. Industrial Management & Data Systems, 2010(9): 1297-1318.

[3] Nizami L. Norwich's entropy theory: how not to go from abstract to actual[J]. Kybernetes, 2011(7): 1102-1118.

[4] Xu W Y, Zhang Z J, Gong D Q. Cooperative supply chain management under asymmetric information [J]. Journal of Applied Research and Techonlogy, 2014(8):22-28.

[5] Zimmer K. Supply chain coordination with uncertain just-in-time delivery[J]. International Journal of Production Economics, 2002,77 (1): 1-15.

[6] 张莹. 我国电信运营企业服务补救策略探讨[J]. 管理科学文摘, 2006 (9): 51-53.

[7] McIvor R, Humphreys P, McCurry L. Electronic commerce: supporting collaboration in the supply chain? [J]. Journal of Materials Processing Technology, 2003,139(1):147-152.

[8] Kaynak H, Hartley J L. A replication and extension of quality management into the supply chain [J]. Journal of Operations Management, 2007, 6(2): 1248-1256.

[9] Martínez-Olvera C. Entropy as an assessment tool of supply chain

information sharing［J］. European Journal of Operational Research，2008，185(1):405-417.

［10］Frohlich M T，Westbrook R. Arcs of integration:an international study of supply chain strategies ［J］. Journal of Operations Management,2001, 19(2)：185-200.

［11］李强,于旭. 创业服务链对新创企业绩效的作用机制［J］. 社会科学战线，2018(10)：248-252.

［12］刘少和. 服务企业中的"服务链"模型［J］. 商业研究，2003(11)：144-145.

［13］Patterson K A，Grimm C M，Corsi T M. Adopting new technologies for supply chain management［J］. Transportation Research Part E，2003，39(2)：95-121.

［14］Davenport T H. Process innovation-reengineering work through information technology［M］. Boston,MA：Harvard Business School Press，1993.

［15］Harland C M，Caldwell N D，Powell P，et al. Barriers to supply chain information integration:SMEs a drift of eLands［J］. Journal of Operations Management，2007，25(6)：1234-1254.

［16］綦佳，宗刚. 基于链理论的服务业运行机理初探［J］. 管理科学文摘，2006(9)：53-55.

［17］Van der Vaart T，Van Donk D P. Buyer focus:evaluation of a new concept for supply chain integration［J］. International Journal of Production Economics,2004，92(1)：21-30.

［18］Tan K C，Kannan V R，Handfield R B. Supply chain management:supplier performance and firm performance［J］. International Journal of Purchasing and Material,1998,34(3)：2-9.

［19］Anderson E G，Morrice D J. A simulation game for service-oriented supply chain management ［J］. The Journal of Production and Operations Management,2000(9)：40-55.

［20］Ruggles K. Technology and the service supply chain［J］. Supply Chain Management Review，2005 (10):12-14.

［21］綦佳，王海燕,宗刚. 服务链理论研究［J］. 北京工业大学学报(社会

科学版），2006(4)：22-25.

[22] 刘秋生，尹昊聪. 服务链模型的构建与实现[J]. 科技进步与对策，2011,28(3)：23-26.

[23] 胡正华，宁宣熙. 服务链概念、模型及其应用[J]. 商业研究，2003(7)：111-113.

[24] Themistocleous M，Irani Z，Love P E D. Evaluating the integration of supply chain information systems：a case study[J]. European Journal of Operational Research,2004，159(2)：393-405.

[25] Closs D J，Mollenkopf D A. A global supply chain framework[J]. Industrial Marketing Management，2004(33)：37-44.

[26] 綦佳,宗刚,高帆.服务链结点相关性理论在区域产业规划中的应用[J].桂林电子科技大学学报,2006(10)：410-413

[27] Inkpen A C. Creating knowledge through Collaboration [J]. California Management Review，1996(1)：343-356.

[28] Lee H L，So K C，Tang C S. The value of information sharing in a two-level supply chain[J]. Management Science,2000(46)：626-643.

[29] Lin F R，Shaw M J. Reengineering the order fulfillment process in supply chain networks[J]. The International Journal of Flexible Manufacturing Systems,1998,10(3)：197-229.

[30] Larsson R，Bowen D E. Organization and customer：managing design and coordination of services[J]. The Academy of Management Review，1989，14(2)：213-233.

[31] Askarany D，Yazdifar H，Askary S. Supply chain management，activity-based costing and organisational factors[J]. International Journal of Production Economics，2010，127(2)：238-248.

[32] 王佐.从供应链到服务链[J].中国物流与采购,2004(12):26-27.

[33] Dewey J. Valuation and experimental knowledge[J]. Philosophical Review，1922，31(4)：325-351.

[34] 谭劲松.关于管理研究及其理论和方法的讨论[J].管理科学学报，2008,11(2):145-152.

[35] Dewey J. The objects of valuation[J]. The Journal of Philosophy, Psychology and Scientific Methods，1918，15(10)：253-258.

[36] 苏为华. 多指标综合评价理论与方法问题研究[D]. 厦门：厦门大学，2000.

[37] 郭亚军. 综合评价理论、方法及应用[M]. 北京：科学出版社，2007.

[38] 王宗军. 综合评价的方法、问题及其研究趋势[J]. 管理科学学报，1998,1(1):73-79.

[39] 胡永宏，贺思辉. 综合评价方法[M]. 北京：科学出版社，2000.

[40] 三浦武雄，浜冈尊. 现代系统工程学概论[M]. 郑春瑞，译. 北京：中国社会科学出版社，1983.

[41] 王硕，张礼兵，金菊良. 系统预测与综合评价方法[M]. 合肥：合肥工业大学出版社，2006.

[42] 金菊良，魏一鸣. 复杂系统广义智能评价方法与应用[M]. 北京：科学出版社，2008.

[43] Cayla D. Ex post and ex ante coordination：principles of coherence in organizations and markets[J]. Journal of Economic Issues，2006，40 (2)：325-331.

[44] Faraj S, Xiao Y. Coordination in fast-response organizations[J]. Management Science，2006，52(8)：1155-1169.

[45] 赵丽艳，顾基发. 东西方评价方法论对比研究[J]. 管理科学学报，2000,3(1):87-93.

[46] 李瑛，康德颜，齐二石. 政策评估理论与实践研究综述[J]. 公共管理评论，2006(1):129-137.

[47] 杨勇. 智能化综合评价理论与方法研究[D]. 杭州：浙江工商大学，2014.

[48] 彭张林，张强，杨善林. 综合评价理论与方法研究综述[J]. 中国管理科学，2015,23(S1):245-256.

[49] 易平涛，李伟伟，郭亚军. 综合评价与理论方法[M]. 2版. 北京：经济管理出版社，2019.

[50] 穆东. 供应链系统的复杂性与评价方法研究[M]. 北京：清华大学出版社，2010.

[51] 汪子嵩，范明生，陈村富，等. 希腊哲学史：第2卷[M]. 北京：人民出版社，1993.

[52] 亚里士多德. 形而上学[M]. 吴寿彭，译. 北京：商务印书馆，2011.

[53] 袁贵仁. 价值学引论[M]. 北京：北京师范大学出版社，1991.

[54] 邱均平. 中国高校科研竞争力评价的意义和做法[J]. 科技进步与对策，2004,21(8):93-94.

[55] 赵振宇. 关于建立社会科学成果评价机制的几个问题[J]. 探索，2004(2):92-95.

[56] Kruschke J K. Category learning[J]. The Handbook of Cognition, 2005(4):183-201.

[57] 邱均平. 实行分类评价不断提高大学评价的公信度[J]. 评价与管理，2004(3):41.

[58] 罗西，弗里曼，李普希. 项目评估方法与技术[M]. 邱泽奇，译. 6 版. 北京：华夏出版社，2002.

[59] 戴伊. 理解公共政策[M]. 彭勃，等译. 10 版. 北京：华夏出版社，2004.

[60] 方易. 弗兰克·费希尔：公共政策评估[J]. 公共管理评论，2013(2):156-163.

[61] Guba E G, Lincoln Y S. Fourth generation evaluation[M]. London：SAGE Publications,1989.

[62] 切克兰德，左晓斯. 系统论的思想与实践[M]. 北京：华夏出版社，1990.

[63] 贺仲雄. 软科学决策[M]. 沈阳：辽宁人民出版社，1988.

[64] 胡永宏，贺思辉. 综合评价方法[M]. 北京：科学出版社，2000.

[65] Harrison E F. The managerial decision-making process[M]. 5th ed. Boston, MA：Houghton Mifflin Company, 1999.

[66] Enta Y J. A theory of fuzzy decision-making[M]//Yager R. Fuzzy set and possibility theory: recent developments. New York：Pergamon Press,1982.

[67] 潘成云. 解读产业价值链：兼析我国新兴产业价值链基本特征[J]. 当代财经，2001(9)：7-11, 15.

[68] Kogut B. Joint ventures: theoretical and empirical perspectives[J]. Strategic Management Journal, 1988,9(4)：319-332.

[69] 傅元略，屈耀辉. 企业集群成本协同管理效应研究[J]. 南开管理评论，2009,12(2):125-131,140.

[70] 刘井建. R&D 项目组合与企业经营战略的协同测度与评价研究[J]. 科技管理研究，2008(12)：106-109.

［71］楼高翔，曾赛星.区域技术创新协同能力的测度及其评价体系构建
　　　［J］.企业经济，2006(11)：128-130.

［72］吴贵生，王毅，杨德林.北京区域技术创新体系的缺陷与对策［J］.中
　　　国科技论坛，2003(2)：36-40.

［73］Lewin A Y, Long C P, Carroll T N. The coevolution of new
　　　organizational forms ［J］. Organization Science，1999，10（5）：
　　　535-550.

［74］Lichtenstein B, McKelvey B. On the agent-mode ling of emergence：
　　　a typology and some scaling propositions ［D］. Hartford，CT：
　　　University of Hartford，2002.

［75］Faraj S, Xiao Y. Coordination in fast-response organizations［J］.
　　　Management Science，2006，52(8)：1155-1169.

［76］Bechky B A. Gaffers, gofers, and grips：role-based coordination in
　　　temporary organization［J］. Organization Science，2006，17（1）：
　　　3-21.

［77］Kellogg K C, Orlikowski W J, Yates J. Life in the trading zone：
　　　structuring coordination across boundaries in post bureaucratic
　　　organizations［J］. Organization Science，2006，17(1)：22-44.

［78］Standifer R, Bluedorn A. Alliance management teams and entrainment：
　　　sharing temporal mental models［J］. Human Relations，2006，59（7）：
　　　903-927.

［79］谢心灵，刘伟，邓蕾.联盟型网络组织战略协同模型的构建［J］.科技进
　　　步与对策，2008,25(5)：15-18.

［80］Gittell J H. Coordinating mechanisms in care provider groups：relational
　　　coordination as a mediator and input uncertainty as a moderator of
　　　performance effects［J］. Management Science，2002，48(11)：1408-1426.

［81］Vlaar P W L, Bosch F A J, Volberda H W. On the evolution of trust,
　　　distrust，and formal coordination and control in interorganizational
　　　relationships：towards an integrative framework［J］. Group & Organization
　　　Management，2007，32(4)：407-428.

［82］张铁男，张亚娟，韩兵.基于系统科学的企业战略协同机制研究［J］.科
　　　学学与科学技术管理，2009,30(12)：140-147.

[83] Langfield-Smith K，Smith D. Management control systems and trust in outsourcing relationships[J]. Management Accounting Research，2003，14(3):281-307.

[84] Langlois R N，Robertson P L. Firms，markets，and economic change: a dynamic theory of business institutions [M]. London: Routledge Rress,1995.

[85] Loasby B. The organization of capabilities[J]. Journal of Economic Behavior & Orgnization，1998,35(2):139-160.

[86] Mahama H. Management control systems，cooperation and performance in strategic supply relationships: a survey in the mines[J]. Management Accounting Research，2006，17(3): 315-339.

[87] Mota J, Castro L M. A capabilities perspective on the evolution of firm boundaries: a comparative case example from the Portuguese Moulds Industry[J]. Journal of Management Studies，2004，41(2): 295-316.

[88] Tan J, Tan D. Environment-strategy co-evolution and co-alignment: a staged model of Chinese SOEs under transition [J]. Strategic Management Journal，2005(26): 141-157.

[89] Tan J, Peng M W. Organizational slack and firm performance during economic transitions: two studies from an emerging economy[J]. Strategic Management Journal，2003,24(13): 1249-1263.

[90] Ansoff H I. Corporate strategy: an analytic approach to business policy for growth and expansion[M]. New York: McGraw-Hill Companies, 1965.

[91] Hiroyuki I. Mobilizing invisible assets[M]. Boston: Harvard University Press,1987.

[92] 波特. 竞争战略[M]. 陈小悦，译. 北京：华夏出版社，2005.

[93] Ansoff H I. Corporate strategy: business policy for growth and expansion[M]. New York: McGraw-Hill Companies，1965.

[94] 肖炼. 协同竞争论：东西方市场竞争理论比较研究[M]. 北京：中国金融出版社，1991.

[95] Liu M, Gao Q, Shen W M, et al. A semantic-augmented multi-level

matching model of Web services[J]. Service Oriented Computing and Applications, 2009, 3(3): 205-215.

[96] Almenárez F, Marín A, Campo C, et al. TrustAC: trust-based access control for pervasive devices[C]//International Conference on Security in Pervasive Computing in Boppard, Germany, April 6-8, 2005. Berlin: Springer-Verlag, 2005: 225-238.

[97] Song H L. Management complexity evaluating system based on entropy information content [M]. Beijing: China Economic Publishing House, 2005.

[98] 李春蕾,宋华岭,王传鹏. 循环经济系统产业链结构复杂性分析及评价 [J]. 中国矿业,2011,20(10): 21-24,42.

[99] Warfield J N. Societal systems: planning, policy and complexity [M]. New York: Wiley Inter-scinece, 1976.

[100] Oliver C. Determinants interorganizational relationships: integration and future directions[J]. Academy of Management Review, 1990, 15 (2): 241-265.

[101] Holmlund M, Törnroos J Å. What are relationships in business network[J]. Management Decision, 1997, 35(4): 304-309.

[102] Peterson H C. The "learning" supply chain: pileline or pipedream [J]. American Journal of Agricultural Economics, 2002, 84(5): 1329-1336.

[103] Granovetter M. Problems of explanation in economic sociology [M]// Nohria N, Eccles R G. Networks and organizations structure, form, and action. Boston, MA: Harvard Business School Press, 1992.

[104] Araujo L, Dubois A, Gadde L E. The multiple boundaries of the firm[J]. Journal of Management Studies, 2003,40(5):1255-1277.

[105] Prahalad C K, Hamel G. The core competence of the corporation [J]. Harvard Business Review, 1990, 68(3): 79-91.

[106] Axelsson B, Easton G. Industrial networks: a new view of reality [M]. London: Routledge Press, 1992.

[107] Barney J B. Firm resources and sustained competitive advantage

[J]. Journal of Management, 1991, 17: 99-120.

[108] Bovet D, Martha J. Value nets: breaking the supply chain to unlock hidden profits[M]. Hoboken, New Jersey: John Wiley & Sons, Inc. ,2000.

[109] Brusoni S, Prencipe A, Pavitt K. Knowledge specialization, organizational coupling, and the boundaries of the firm: why do firms know more than they make [J]. Administrative Science Quarterly, 2001, 46: 597-621.

[110] Dekker H C. Control of inter-organizational relationships: evidence on appropriation concerns and coordination requirements [J]. Accounting, Organizations and Society, 2004, 29(1): 27-49.

[111] Granstrand O, Patel P, Pavitt K. Multi-technology corporations: why they have "distributed" rather than "distinctive" core competencies[J]. California Management Review, 1997, 39(4): 8-25.

[112] Anderson D L, Lee H L. Synchronizes supply chains: the new frontier[J]. Advanced Simulation Control Engineering Tool, 1999, 6(4): 1-11.

[113] Ito T, Salleh M R. A blackboard-based negotiation for collaborative supply chain system[J]. Journal of Materials Processing Technology, 2000, 107(1/2/3): 398-403.

[114] Zimmer K. Supply chain coordination with uncertain just-in-time delivery[J]. International Journal of Production Economics, 2002, 77(1): 1-15.

[115] Akkermans H, Bogerd P, Van Doremalen J. Travail, transparency and trust: a case study of computer-supported collaborative supply chain planning in high-tech electronics[J]. European Journal of Operational Research, 2004, 153(2): 445-456.

[116] Turkay M, Oruc C, Fujita K, Asakura T. Multi-company collaborative supply chain management with economical and environmental considerations [J]. Computers and Chemical Engineering, 2004, 28(6/7): 985-992.

[117] Lin J, Lin T. Object-oriented conceptual modeling for commitment-based collaboration management in virtual enterprises [J]. Informational and Software Technology, 2004, 46(4): 209-217.

[118] Hutchison C, Kwong A, Ray S, et al. Accelerating drug development through collaboration: the hepatitis C drug development advisory group [J]. Clinical Pharmacology & Therapeutics, 2014,96(2): 162-165.

[119] Clausius R J E. 关于热力学第二定律[J]. 自然科学争鸣,1975(10): 23-28.

[120] 里夫金,霍华德. 熵:一种新的世界观[M]. 吕明,袁舟,译. 上海:上海译文出版社,1987.

[121] Swanson G A, Bailey K D, Miller J G. Entropy, social entropy, and money: a living systems theory perspective [J]. Systems Research and Behavioral Science, 1997, 14 (1): 45-65.

[122] Bailey K D. Social entropy theory [M]. Albany: State University of New York Press, 1990.

[123] 鲍际刚,夏树涛,刘鑫吉,等. 信息·熵·经济学:人类发展之路[M]. 北京:经济科学出版社,2013.

[124] 李如生. 非平衡态热力学和耗散结构[M]. 北京:清华大学出版社, 1986.

[125] 沈小峰. 耗散结构论[M]. 上海:上海人民出版社,1987.

[126] Kåberger T, Månsson B. Entropy and economic processes-physics perspectives[J]. Ecological Economics, 2001,36(1): 165-179.

[127] Ré C, Suciu D. Understanding cardinality estimation using entropy maximization[J]. ACM Transactions on Database Systems, 2010, 37(1): 53-64.

[128] Georgi N B, Bisher M I. Maximum entropy models for general lag patterns[J]. Journal of Time Series Analysis, 2012, 33 (5): 112-120.

[129] 宁方华,陈子辰,熊励. 熵理论在物流协同中的应用研究[J]. 浙江大学学报(工学版), 2006, 40(10): 1705-1708.

[130] 胡成玉,吴湘宁,王永骥. 基于种群熵的多粒子群协同优化[J]. 计算机应用研究,2008, 25(12): 3593-3595.

[131] Brissaud J B. The meaning of entropy[J]. Entropy, 2005, 7(1): 68-96.

[132] Ding S F, Shi Z P. Studies on incidence pattern recognition based on information entropy[J]. Journal of Information Science, 2005, 31(6): 497-502.

[133] 丁卫平, 王建东, 管致锦. 融合变精度粗糙熵和协同进化的概念格挖掘算法[J]. 解放军理工大学学报（自然科学版）, 2011, 12(1): 25-30.

[134] 李京生, 王爱民, 唐承统, 等. 基于动态资源能力服务的分布式协同调度技术[J]. 计算机集成制造系统, 2012, 18(7): 1563-1574.

[135] 任佩瑜, 张莉, 宋勇. 基于复杂性科学的管理熵、管理耗散结构理论及其在企业组织与决策中的作用[J], 管理世界, 2001(6): 142-147.

[136] 湛垦华, 沈小峰. 普利高津与耗散结构理论[M]. 西安: 陕西科学技术出版社, 1982.

[137] Wang J F, Bras R L. A model of evapotranspiration based on the theory of maximum entropy production [J]. Water Resources Research, 2011, 47(3): 3520-3532.

[138] 宋华岭, 刘全顺, 刘丽娟, 等. 管理熵理论: 企业组织管理系统复杂性评价的新尺度[J]. 管理科学学报, 2003, 6(3): 19-27.

[139] 维纳. 控制论[M]. 郝季仁, 译. 2版. 北京: 科学出版社, 2009.

[140] 傅祖芸. 信息论: 基础理论与应用[M]. 4版. 北京: 电子工业出版社, 2015.

[141] Shannon C E, Weaver W. The mathematical theory of communication [M]. Urbana: University of Illinois Press, 1949.

[142] Shannon C E. A mathematical theory of communication[J]. Bell System Technique Journal, 1948, 27(4): 379-423.

[143] Weber B H, Depew D J, Smith J D. Entropy, information and evolution: new perspective on physical and biological evolution [M]. Cambridge, MA: MIT Press, 1988.

[144] Goody R. Maximum entropy production in climate theory[J]. Journal of the Atmospheric Sciences, 2007, 64(7): 2735-2739.

[145] Juretić D, Županović P. Photosynthetic models with maximum entropy

production irreversible charge transfer steps[J]. Computational Biology and Chemistry. 2003，27(6)：541-553.

[146] Kleidon A，Schymanski S J. Thermodynamics and optimality of the water budget on land：a review[J]. Geophysical Research Letters，2008，35(20)：1029-1041.

[147] 胡长安.负熵概念在医学临床研究中的应用[J]. 物理，1981，10(8)：473-474.

[148] 王身立.热寂论与负熵论：第二次与第三次浪潮中自然观思潮的一个侧面[J]. 系统工程，1986，4(3)：27-31.

[149] 李伟钢. 复杂系统结构有序度：负熵算法[J]. 系统工程理论与实践，1988(4)：15-22.

[150] 顾昌耀，邱菀华.复熵及其在 Bayes 决策中的应用[J].控制与决策，1991，16(4)：253-259.

[151] 顾昌耀，邱菀华.复熵及其应用：Bayes-E 决策分析法[J].航空学报，1991，12(9)：512-518.

[152] 孙克辉，贺少波，尹林子，等.模糊熵算法在混沌序列复杂度分析中的应用[J]. 物理学报，2012，61(13)：71-77.

[153] 周荣喜，范福云，何大义，等.多属性群决策中基于数据稳定性与主观偏好的综合熵权法[J]. 控制与决策，2012，27(8)：1169-1174.

[154] 赵萌，邱菀华，刘北上. 基于相对熵的多属性决策排序方法[J]. 控制与决策，2010，25(7)：1098-1100，1104.

[155] 马丽仪，邱菀华，杨亚琴. 大型复杂项目风险建模与熵决策[J]. 北京航空航天大学学报，2010，36(2)：184 187.

[156] 冯建，Starzyk J，邱菀华. 一种基于信息熵的金融数据神经网络分类方法[J]. 控制与决策，2012，27(2)：211-215，226.

[157] 李志威，杨大文，雷慧闽. 基于最大熵增原理的蒸发蒸腾量模型应用[J]. 清华大学学报(自然科学版)，2012，52(6)：785-790.

[158] 丁世飞，朱红，许新征，等.基于熵的模糊信息测度研究[J]. 计算机学报，2012，35(4)：796-801.

[159] Michaelides E E. Entropy production and optimization of geothermal power plants[J]. Journal of Non-Equilibrium Thermodynamics，2012，37(3)：233-246.

[160] Balasubramanyan L，Stefanou S，Stokes J. An entropy approach to size and variance heterogeneity in U. S. commercial banks[J]. Journal of Economics and Finance，2012，36(3)：728-749.

[161] Abareshi M，Zaferanieh M，Keramati B. Path flow estimator in an entropy model using a nonlinear L-shaped algorithm[J]. Networks & Spatial Economics，2017，17(1)：293-315.

[162] 任佩瑜. 论管理效率中再造组织的战略决策[J]. 经济体制改革，1998(3)：98-101.

[163] 陈衍泰，陈国宏，李美娟. 综合评价方法分类及研究进展[J]. 管理科学学报，2004，7(2)：69-79.

[164] 哈肯. 协同学：大自然构成的奥秘[M]. 凌复华，译. 上海：上海人民出版社，2005.

[165] 宋华岭，温国锋，刘丽娟，等. 复杂信息度量的安全系统结构复杂性评价[J]. 管理科学学报，2012，15(2)：83-96.

[166] Rumelhart D E，McClelland J L. Parallel distributed processing：explorations in the microstructure of cognitions[M]. Cambridge，MA：MIT Press，1986.

[167] 戴静晖，蒋艳. 基于 AHP 评价的 BP 神经网络汽车售后服务质量研究[J]. 技术与创新管理，2012，33(2)：158-161.

[168] Jin W L，Soung H K. An integrated approach for interdependent information system project selection[J]. International Journal of Project Management，2001，19(2)：111-118.

[169] 郭亚军. 一种新的动态综合评价方法[J]. 管理科学学报，2002，5(2)：49-54.

[170] Sung T K，Chang N，Lee G. Dynamics of modeling in data mining：interpretive approach to bankruptcy prediction[J]. Journal of Management Information Systems，1999，16(1)：63-85.

[171] Xu X P，Xu Z C. A multi-agent system for dynamic and real time optical control in logistics distribution[C]//Proceedings of 2001 International Conference on Management Science & Engineering. Harbin，China：HIT Press，2001.

[172] 张建良，范玉顺. 面向服务的企业与业务生态系统[J]. 计算机集成

制造系统，2010，16(8)：1751-1759.

[173] Xu L D, Liu H M, Wang S, et al. Modeling and analysis techniques for cross-organizational workflow systems[J]. Systems Research and Behavioral Science，2009，26(3)：367-389.

[174] 熊励，顾新建，陈子辰. 网络协同商务链的系统论方法研究[J]. 系统工程理论与实践，2001,21(12)：99-103.

[175] 熊励，陈子辰. 网络协同商务链的主体模型研究[J]. 计算机集成制造系统，2004,10(9)：1036-1039.

[176] 崔琳琳，柴跃廷，Abbas A. 随机收益下企业群体协同的存在性[J]. 清华大学学报(自然科学版)，2009，49 (8)：1098-1011.

[177] Bianucci D, Cattaneo G, Ciucci D. Entropies and co-entropies of coverings with application to incomplete information systems[J]. Fundamenta Informaticae，2007,75(1)：77-105.

[178] 宋华岭，温国锋，李金克，等. 基于信息度量的企业组织系统协同性评价[J]. 管理科学学报，2009，12(3)：22-36.

[179] 宋华岭，王传鹏，李春蕾. 煤炭资源整合组织管理系统复杂性评价及实证研究[J]. 中国矿业，2012，21(3)：14-18.

[180] 秦远建，曹晓静. 我国汽车服务业服务传递能力评价指标体系的构建研究[J]. 上海汽车，2008(2)：32-35.

[181] 廖伟智，孙林夫，杜平安. 汽车业售后服务能力模型的建立及服务能力分析[J]. 电子科技大学学报，2010，39(5)：747-751.

[182] Akkermans H, Vos B. Amplification in service supply chains：an exploratory case study from the telecom industry[J]. Production and Operations Management，2003，12(2)：204-223.

[183] Kathawala Y, Abdou K. Supply chain evaluation in the service industry：a framework development compared to manufacturing [J]. Managerial Auditing Journal，2003，18(2)：140-149.

[184] 朱杰，李溥，裴存强，等. 汽车服务企业顾客忠诚驱动机制研究[J]. 武汉理工大学学报(信息与管理工程版)，2008,30(6)：973-976.

[185] 陈青. 基于顾客价值的销售服务顾客满意度测评研究——以汽车 4S 店为例[J]. 企业经济，2012(7)：94-97.

[186] 单洁锋，吴相利. 基于质量功能展开的汽车 4S 店售后服务满意度评

价研究:以江苏无锡福特汽车 4S 店为例[J]. 江苏商论，2011(3)：
141-143.

[187] 朱杰，聂文龙.汽车服务质量的评价研究[J].武汉理工大学学报(信息与管理工程版)，2006，28(4)：113-116.

[188] Fraj S，Xiao Y. Coordination in fast-response organizations[J]. Management Science，2006，52(8)：1155-1169.

[189] Hagedoorn J，Link A N，Vonortas N S. Research partnerships[J]. Research Policy，2000，29(4/5)：567-586.

[190] 王然.解析国内汽车后市场经营现状[J].汽车工业研究，2006(3)：21-24.

[191] 蒋定福，熊励，岳焱.基于协同熵的评价模型[J].计算机集成制造系统，2012，18(11)：2522-2529.

[192] 宋华岭，王今.广义与狭义管理熵理论[J].管理工程学报，2000，14(1)：30-39.

[193] 王彬.熵与信息[M].西安：西北工业大学出版社，1994.

[194] 王新华，孙智慧，赵琰.企业组织内部协同性评价指标体系的建立与分析[J].山东科技大学学报(社会科学版)，2009，11(1)：66-70.

[195] 刘晶.组织管理幅度与管理层次探析[J].东方企业文化，2012(21)：68.

[196] Jiang D F，Xiong L，Yue Y. Collaborative assessment of the automotive sales service based on co-entropy[J]. Research Journal of Applied Sciences，Engineering and Technology，2013，5(13)：3610-3616.

[197] Jiang D F，Xiong L. Study of automobile after-sale service delivery system based on the customer value analysis［C］. The 2nd International Conference on E-Business and E-Government，2011：9050-9052.

[198] Ross B，Jan R，Stephen W. Using virtual worlds for collaborative business process modeling［J］. Business Process Management Journal，2011，17(3)：546-564.

[199] Symeon C. Bid mark-up selection using artificial neural networks and an entropy metric［J］. Engineering，Construction and

Architectural Management，2010,17(4)：424-439.

[200] Luo C Y, Mallick D N, Schroeder R G. Collaborative product development：exploring the role of internal coordination capability in supplier involvement[J]. European Journal of Innovation Management，2010,13(2)：244-266.

[201] Ken G L. Technology and the service supply chain[J]. Supply Chain Management Review，2005(10)：12-14.

[202]冯敏. 牟援朝,应春. 服务链的绩效分析[J]. 经济师,2005（2）：248,281.

[203] Ellram L M, Tate W L, Billington C. Understanding and managing the services supply chain [J]. Journal of Supply Chain Management，2004,40(3):17-32.

[204] Saccani N, Johansson P, Perona M. Configuring the after-sales service supply chain [J]. International Journal of Production Economics，2007，110(1/2)：52-69.

[205] Baltacioglu T, Ada E, Kaplan M D, et al. A new framework for service supply chains[J]. The Service Industries Journal，2007，27(2):105-124.

[206] 王正成,潘晓弘,潘旭伟. 基于蚁群算法的网络化制造资源服务链构建[J]. 计算机集成制造系统,2010，16(1):174-181.

[207] 蒋国银,胡斌,王缓缓. 基于 MAS 的移动服务链协同工作机制研究[J]. 管理工程学报,2010，24(1)：82-89.

[208] 吴映波,王旭,刘昕. 集成化服务链多目标全局优化模型与算法[J]. 重庆大学学报(自然科学版),2012，35(8)：92-100.

[209] 张建博,刘纪平,王蓓. 图形工作流驱动的空间信息服务链研究[J].计算机研究与发展,2012,49(6):1357-1362.

[210] 王正成,黄洋. 面向服务链构建的云制造资源集成共享技术研究[J]. 中国机械工程,2012,23(11)：1324-1331.

[211] 陈坤,李平. 管理能力:中国企业培育核心竞争力的关键因素[J].中国软科学,2001(5)：57-60.

[212] 王刚. 协同战略的演变[J]. 经济师,2002(6):34-35.

[213] 赛罗沃. 协同效应的陷阱:公司购并中如何避免功亏一篑[M]. 杨

炯，译. 上海：上海远东出版社，2001.

[214] 李蓉. 战略成本动因与企业的成本决策[J]. 财会通讯，1998(11)：11-13.

[215] 孙国强. 网络组织的治理成本：波特模型的扩展[J]. 山西财经大学学报，2003,25(2)：66-69.

[216] Bhatnagar R，Sohal A S. Supply chain competitiveness：measuring the impact of location factors，uncertainty and manufacturing practices[J]. Technovation，2005，25(5)：443-456.

[217] Yang J B，Sen P. A general multi-level evaluation process for hybrid MADM with uncertainty[J]. IEEE Transactions on Systems Man and Cybernetics，1994，24(10)：1458-1473.

[218] Armbrust M，Fox A，Griffith R，et al. A view of cloud computing [J]. Communications of the ACM，2010，53(4)：50-58.

[219] Hao Q，Shen W M，Wang L H. Collaborative manufacturing resource scheduling using agent-based web services ［J］. International Journal of Manufacturing Technology and Management，2006，9(3/4)：309-327.

[220] Ye C Y，Cheung S C，Chan W K，et al. Atomicity analysis of service composition across organizations[J]. IEEE Transactions on Software Engineering，2009，35(1)：2-28.

[221] 杜彦华，范玉顺. 基于事件-状态-过程规则的跨组织工作流协同方法[J]. 计算机集成制造系统，2008，14(7)：1342-1348.

[222] Fagundes P D M，Padilha A C M，Padula A D. Co-marketing alliances in the Brazilian biofuel sector：an analysis based on strategic alliances[J]. Science and Public Policy，2014，41(5)：553-560.

[223] 陈海荣，李从东，佟瑞. 产业技术路线图战略联盟伙伴竞争与合作关系研究[J]. 科技进步与对策，2013(15)：77-81.

[224] 陈志军，王晓静，徐鹏. 企业集团研发协同影响因素及其效果研究[J]. 科研管理，2014，35(3)：108-115.

[225] 范如国. 基于复杂网络理论的中小企业集群协同创新研究[J]. 商业经济与管理，2014(3)：61-69.

[226] 汪旭晖，张其林. 多渠道零售商线上线下营销协同研究：以苏宁为例 [J]. 商业经济与管理，2013(9)：37-47.

[227] Lee H，Cho E，Cheong C，et al. Do strategic alliances in a developing country create firm value? Evidence from Korean firms [J]. Journal of Empirical Finance，2013，20(1)：30-41.

[228] 储芳芳，蒋建军，杜同. 供应链产销协同冲突消解的纳什协商方法 [J]. 管理现代化，2015，35(3)：84-86.

[229] 胡军，张镓，芮明杰. 线性需求条件下考虑质量控制的供应链协调契约模型[J]. 系统工程理论与实践，2013，33(3)：601-609.

[230] 单莹洁，尹凡. 管理熵视角下区域创新系统绩效评价实证研究[J]. 科技管理研究，2011，31(7)：54-56，34.

附录 汽车后服务链协同性调查问卷

　　汽车后服务链企业包括集成服务企业、专门化服务企业、一级供应商、二级供应商、辅助企业及辅助机构等众多企业及机构等。其中集成服务企业为核心企业,是指为客户提供多种服务的企业,如 4S 店、汽车后服务链综合服务企业等。

　　问卷内容仅作为开展相关研究工作的参考依据,对填报企业和个人均履行严格保密义务。请认真阅读表格并回答问题,总评问题由专家作答,企业无须填写。您的回答对于我们的相关研究很重要,希望能得到您的配合和支持,谢谢!

一、基本资料

1. 贵公司名称是_____。

2. 服务的汽车品牌是_____。

3. 贵公司所属汽车后服务链企业的类型是_____。

A. 集成服务企业　　　　　B. 专门化服务企业　　　　C. 一级供应商

D. 二级供应商　　　　　　E. 辅助企业或辅助机构　　F. 客户

4. 您的年龄是_____。

A. 25 岁以下　　　　　　　B. 25~30 岁(不含 30 岁)

C. 30~40 岁(不含 40 岁) D. 40~50 岁(不含 50 岁)

E. 50 岁及以上

5. 您的文化程度为_____。

A. 大专及以下　　　B. 本科　　　C. 硕士　　　D. 博士

6. 您的专业技术职称为_____。

A. 无职称　　　　　B. 初级　　　C. 中级　　　D. 高级

7. 您目前的职务是＿＿＿＿＿＿＿＿＿＿＿＿。

A. 基层管理者　　　　B. 中级管理者　　　　C. 高级管理者

二、汽车后服务企业内部协同性

1. 贵公司的管理层次有＿＿＿＿＿＿＿＿层,请根据贵公司实际情况填写附表 1。

注:管理层次就是组织在职位权力等级上所设置的管理级数,例如总经理(第一层)、副经理(第二层)、部门经理(第三层)、主管(第四层)和员工(第五层)。

附表 1

管理层次	下属人数	具有本科以上学历且获行中级以上技术职称的管理者人数
第一层		
第二层		
第三层		
第四层		
第五层		

若管理层次超过五层,请将其他管理层次、下属人数和具有本科以上学历及获行中级以上技术职称的管理者人数依次填入横线中。

＿＿＿＿＿＿＿＿＿＿＿＿＿＿＿＿＿＿＿＿＿＿＿＿＿

＿＿＿＿＿＿＿＿＿＿＿＿＿＿＿＿＿＿＿＿＿＿＿＿＿

2. 贵公司有＿＿＿＿＿＿＿＿个部门,请根据贵公司实际情况填写附表 2。

附表 2

部门序号	管理职能 (多选)	沟通方式 (单选)	职位数/个	协同激励制度/条	每月理想决策/次
第一部门	□A□B□C □D□E	○A○B○C ○D○E			
第二部门	□A□B□C □D□E	○A○B○C ○D○E			
第三部门	□A□B□C □D□E	○A○B○C ○D○E			
第四部门	□A□B□C □D□E	○A○B○C ○D○E			
第五部门	□A□B□C □D□E	○A○B○C ○D○E			

注:管理职能有 A. 计划、B. 组织、C. 协调、D. 控制、E. 决策五种职能,可多选;沟通方式有 A. 链式、B. 环式、C. 轮式、D. Y 式、E. 全通道式,如附图 1 所示。

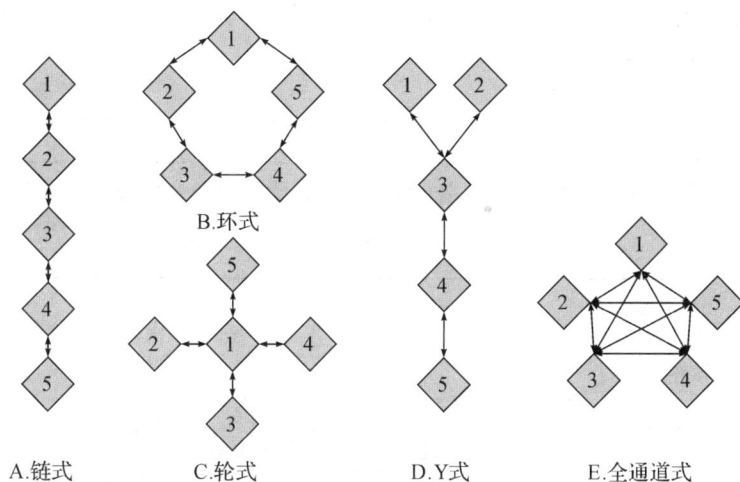

A.链式　　　C.轮式　　　D.Y式　　　E.全通道式

附图 1

如果多于五个部门,请将其他部门序号和其他项目依次填到横线上

_____

_____

3.请根据贵公司内部各部门间的每月业务合作次数和业务合作质量填写附表3。

附表 3

每月业务合作次数 / 业务合作质量	第一部门	第二部门	第三部门	第四部门	第五部门
第一部门					
第二部门	○协同 ○不协同				
第三部门	○协同 ○不协同	○协同 ○不协同			
第四部门	○协同 ○不协同	○协同 ○不协同	○协同 ○不协同		
第五部门	○协同 ○不协同	○协同 ○不协同	○协同 ○不协同	○协同 ○不协同	

注:请在附表3中对角线上方灰色方框内填写部门间每月业务合作次数;在对角线下方方框内填写部门间业务合作质量,即业务衔接是否处于协同状态。

如果多于五个部门,请将其他部门序号、每月业务合作次数和业务合作质量依次填到横线上。

_____

_____

4.请根据贵公司内部各部门间的信息畅通度和业务合作效率填写附表4。

附表4

信息畅通度 / 业务合作效率	第一部门	第二部门	第三部门	第四部门	第五部门
第一部门		○协同 ○不协同	○协同 ○不协同	○协同 ○不协同	○协同 ○不协同
第二部门	○协同 ○不协同		○协同 ○不协同	○协同 ○不协同	○协同 ○不协同
第三部门	○协同 ○不协同	○协同 ○不协同		○协同 ○不协同	○协同 ○不协同
第四部门	○协同 ○不协同	○协同 ○不协同	○协同 ○不协同		○协同 ○不协同
第五部门	○协同 ○不协同	○协同 ○不协同	○协同 ○不协同	○协同 ○不协同	

注:请在附表4中对角线上方灰色方框内填写部门间信息畅通度,畅通为"协同",否则为"不协同";在对角线下方方框内填写部门间业务合作效率是否处于协同状态。

如果多于五个部门,请将其他部门序号、信息畅通度和业务合作效率依次填到横线上。

_____

_____

5.总评:贵公司企业内部的协同性为_____分,得分介于[0,1]。(此栏由专家填写,被调查对象无须填写,评价标准见注释第1条)

三、汽车后服务企业间协同性

1.贵公司是否是服务链上的集成服务企业?

(1)是——➤[直接回答汽车后服务链协同性第1~5题]

(2)否——➤[直接回答汽车后服务企业间协同性第2题]

2.附表5中的问题针对汽车后服务链集成服务企业与其他合作企业的关系。

附表 5

合作企业	企业间目标是否一致 企业间产品供应量是否协同	企业间共同决策是否协同	企业间利益分配是否合理	企业间是否相互持股	与合作企业沟通员工沟通是否协同	与合作企业调机构设置是否合理	企业间信息是否标准化	企业间协同软件使用是否合理	与合作企业业务配合是否协同	与合作企业协调次数	沟通制度条数	每月信息传递的总次数	每月信息正确传递次数	每月信息及时传递次数	企业间协同软件的数量	企业间业务合作次数（近3年）	与合作企业的业务合作次数	每月与企业的业务违约次数
合作企业 1	○协同 ○不协同	○协同 ○不协同	○协同 ○不协同	○协同 ○不协同	○协同 ○不协同	○协同 ○不协同	○协同 ○不协同	○协同 ○不协同	○协同 ○不协同	○协同 ○不协同								
合作企业 2	○协同 ○不协同	○协同 ○不协同	○协同 ○不协同	○协同 ○不协同	○协同 ○不协同	○协同 ○不协同	○协同 ○不协同	○协同 ○不协同	○协同 ○不协同	○协同 ○不协同								
合作企业 3	○协同 ○不协同	○协同 ○不协同	○协同 ○不协同	○协同 ○不协同	○协同 ○不协同	○协同 ○不协同	○协同 ○不协同	○协同 ○不协同	○协同 ○不协同	○协同 ○不协同								
合作企业 4	○协同 ○不协同	○协同 ○不协同	○协同 ○不协同	○协同 ○不协同	○协同 ○不协同	○协同 ○不协同	○协同 ○不协同	○协同 ○不协同	○协同 ○不协同	○协同 ○不协同								
合作企业 5	○协同 ○不协同	○协同 ○不协同	○协同 ○不协同	○协同 ○不协同	○协同 ○不协同	○协同 ○不协同	○协同 ○不协同	○协同 ○不协同	○协同 ○不协同	○协同 ○不协同								

注：附表 5 中灰色方框为是否问题，是为"协同"，否则为"不协同"；其他题目填入具体数字。

若合作企业超过五个,请依次将企业序号和上述内容填到横线上。

_____

_____

_____

_____

3.总评:贵公司与其他有业务关联的企业间的协同性为_____分,得分介于[0,1]。(此栏由专家填写,被调查对象无须填写,评价标准见注释第1条)

四、汽车后服务链协同性

以下问题为汽车后服务链整体协同性问题。贵公司的合作方为"合作企业1",合作企业1的合作方为"合作企业2",合作企业2的合作方为"合作企业3",合作企业3的合作方为"合作企业4"。此调查需各合作企业的合作方相互协助。

1.请根据贵公司和服务链各合作企业间是否目标一致和进行共同决策是否协同填写附表6。

附表6

共同决策　目标一致	贵公司	合作企业1	合作企业2	合作企业3	合作企业4
贵公司		○协同 ○不协同	○协同 ○不协同	○协同 ○不协同	○协同 ○不协同
合作企业1	○协同 ○不协同		○协同 ○不协同	○协同 ○不协同	○协同 ○不协同
合作企业2	○协同 ○不协同	○协同 ○不协同		○协同 ○不协同	○协同 ○不协同
合作企业3	○协同 ○不协同	○协同 ○不协同	○协同 ○不协同		○协同 ○不协同
合作企业4	○协同 ○不协同	○协同 ○不协同	○协同 ○不协同	○协同 ○不协同	

注:请在附表6中对角线上方灰色方框内填写服务链企业间共同决策是否协同;在对角线下方方框内填写企业间目标是否一致,一致为"协同",否则为"不协同"。

若合作企业超过四个,请依次将企业序号和上述内容填到横线上。

_____

_____

2.请根据贵公司和服务链各合作企业间的服务量分配和利益分配是否合理填写附表7。

附表 7

服务量分配 是否合理 利益分配 是否合理	贵公司	合作企业 1	合作企业 2	合作企业 3	合作企业 4
贵公司		○协同 ○不协同	○协同 ○不协同	○协同 ○不协同	○协同 ○不协同
合作企业 1	○协同 ○不协同		○协同 ○不协同	○协同 ○不协同	○协同 ○不协同
合作企业 2	○协同 ○不协同	○协同 ○不协同		○协同 ○不协同	○协同 ○不协同
合作企业 3	○协同 ○不协同	○协同 ○不协同	○协同 ○不协同		○协同 ○不协同
合作企业 4	○协同 ○不协同	○协同 ○不协同	○协同 ○不协同	○协同 ○不协同	

注:请在附表7中对角线上方灰色方框内填写企业间服务量分配是否合理,合理为"协同",不合理则为"不协同";在对角线下方方框内填写企业间利益分配是否合理,合理为"协同",不合理则为"不协同"。

若合作企业超过四个,请依次将企业序号和上述内容填到横线上。

_____

_____

3.请根据贵公司和服务链各合作企业间的服务质量控制和服务效率是否合理填写附表8。

附表 8

服务质量控制 是否合理 服务效率 是否合理	贵公司	合作企业 1	合作企业 2	合作企业 3	合作企业 4
贵公司		○协同 ○不协同	○协同 ○不协同	○协同 ○不协同	○协同 ○不协同
合作企业 1	○协同 ○不协同		○协同 ○不协同	○协同 ○不协同	○协同 ○不协同
合作企业 2	○协同 ○不协同	○协同 ○不协同		○协同 ○不协同	○协同 ○不协同

续　表

服务质量控制是否合理 / 服务效率是否合理	贵公司	合作企业 1	合作企业 2	合作企业 3	合作企业 4
合作企业 3	○协同 ○不协同	○协同 ○不协同	○协同 ○不协同		○协同 ○不协同
合作企业 4	○协同 ○不协同	○协同 ○不协同	○协同 ○不协同	○协同 ○不协同	

注:请在附表 8 中对角线上方灰色方框内填写企业间服务质量控制是否合理,合理为"协同",不合理则为"不协同";在对角线下方方框内填写企业间服务效率是否合理,合理为"协同",不合理则为"不协同"。

若合作企业超过四个,请依次将企业序号和上述内容填到横线上。

＿＿＿＿＿＿＿＿＿＿＿＿＿＿＿＿＿＿＿＿＿＿＿＿＿＿＿＿＿＿＿＿＿

＿＿＿＿＿＿＿＿＿＿＿＿＿＿＿＿＿＿＿＿＿＿＿＿＿＿＿＿＿＿＿＿＿

4. 请根据贵公司和服务链各合作企业间信息是否标准化和共享填写附表 9。

附表 9

信息是否标准化 / 信息是否共享	贵公司	合作企业 1	合作企业 2	合作企业 3	合作企业 4
贵公司		○协同 ○不协同	○协同 ○不协同	○协同 ○不协同	○协同 ○不协同
合作企业 1	○协同 ○不协同		○协同 ○不协同	○协同 ○不协同	○协同 ○不协同
合作企业 2	○协同 ○不协同	○协同 ○不协同		○协同 ○不协同	○协同 ○不协同
合作企业 3	○协同 ○不协同	○协同 ○不协同	○协同 ○不协同		○协同 ○不协同
合作企业 4	○协同 ○不协同	○协同 ○不协同	○协同 ○不协同	○协同 ○不协同	

注:请在附表 9 中对角线上方灰色方框内填写企业间信息是否标准化,是为"协同",否为"不协同";在对角线下方方框内填写企业间信息是否共享,是为"协同",否为"不协同"。

若合作企业超过四个,请依次将企业序号和上述内容填到横线上。

_____

_____

5.请根据贵公司和服务链各合作企业间的信息技术使用是否合理填写附表 10。

附表 10

信息技术使用是否合理　　合作企业	贵公司	合作企业 1	合作企业 2	合作企业 3	合作企业 4
贵公司		○协同 ○不协同	○协同 ○不协同	○协同 ○不协同	○协同 ○不协同
合作企业 1			○协同 ○不协同	○协同 ○不协同	○协同 ○不协同
合作企业 2				○协同 ○不协同	○协同 ○不协同
合作企业 3					○协同 ○不协同
合作企业 4					

注:请在附表 10 中对角线上方灰色方框内填写企业间信息技术使用是否合理,合理为"协同",不合理则为"不协同"。

若合作企业超过四个,请依次将企业序号和上述内容填到横线上。

_____

_____

6.客户为整个服务链的最终客户,即集成服务企业面向的客户,请客户填写附表 11。

附表 11

客户	客户是否满意	客户对产品质量是否满意	客户响应时间/小时	服务投诉次数/次
客户 1	○协同○不协同	○协同○不协同		
客户 2	○协同○不协同	○协同○不协同		
客户 3	○协同○不协同	○协同○不协同		

续　表

客户	客户是否满意	客户对产品质量是否满意	客户响应时间/小时	服务投诉次数/次
客户 4	○协同○不协同	○协同○不协同		
客户 5	○协同○不协同	○协同○不协同		
客户 6	○协同○不协同	○协同○不协同		

注:附表 11 灰色方框为是否问题,是为"协同",否则为"不协同";其他题目填入具体数字。

若客户超过六个,请依次将客户序号和上述内容填到横线上。

_____

_____

_____

7.总评:整个汽车后服务链的协同性为＿＿＿＿＿＿＿＿分,得分介于[0,1]。(此栏由专家填写,被调查对象无须填写,评价标准见注释第 1 条)

五、注释

1. 协同性是指系统内部元素之间的相互协调、协作,推动事物间互相增强、向积极方向发展的拉动效应。

协同性评分区分为五个等级:等级Ⅰ,优秀(0.8,1.0];等级Ⅱ,良好(0.6,0.8];等级Ⅲ,中等(0.5,0.6],等级Ⅳ,较差(0.3,0.5];等级Ⅴ,糟糕(0,0.3]。

2. 汽车后服务链企业包括集成服务企业、专门化服务企业、一级供应商、二级供应商、辅助企业及辅助机构等多企业及机构等。

3. 汽车后服务包含的内容广泛,主要可以分为五大类:①汽车类服务,包括汽车维修、汽车养护、汽车配件与用品、汽车美容、汽车改装和洗车等;②保险金融服务,包括汽车保险、汽车救援、汽车金融;③租赁交易服务,包括汽车租赁和二手车交易等;④汽车体验与交流,包括驾车出游、试乘试驾、车友俱乐部、会员制等;⑤其他服务,包括代驾、泊位、管家提醒、驾校培训等。

集成服务企业是指集成上述汽车后服务中的一类或多类的服务企业,专门化服务企业是指只提供上述一种服务的企业,供应商是指为集成服务企业提供汽车产品或服务的企业。

索　引